漢検

公益財団法人 日本漢字能力検定協会

改訂版

漢検 ハンディ 漢字学習 4級

漢検 公益財団法人 日本漢字能力検定協会

本書の特長と使い方

『漢検 ハンディ漢字学習』は、いつでもどこでも手軽に学べるよう構成されたポケットサイズの学習書です。持ち運びに便利で通勤通学などの空き時間にも適しています。

問題編

各出題分野ごとに問題が分かれています。最後は「総まとめ」で実力の確認をしましょう。

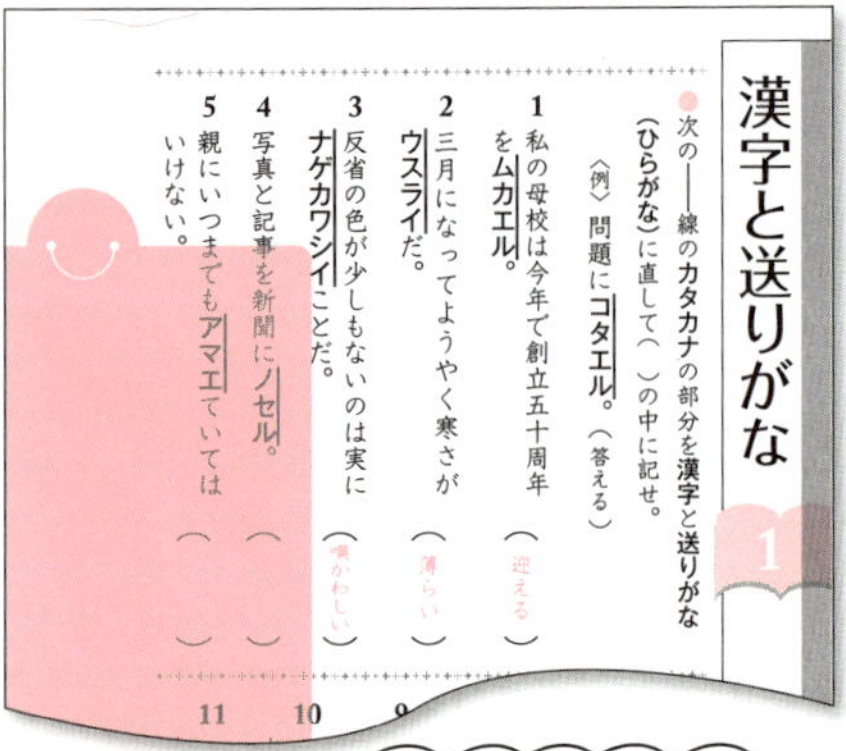
漢字と送りがな 1

次の——線のカタカナの部分を漢字と送りがな（ひらがな）に直して（ ）の中に記せ。

〈例〉問題にコタエル。（答える）

1 私の母校は今年で創立五十周年をムカエル。（迎える）

2 三月になってようやく寒さがウスライだ。（薄らい）

3 反省の色が少しもないのは実にナゲカワシイことだ。（嘆かわしい）

4 写真と記事を新聞にノセル。（ ）

5 親にいつまでもアマエていてはいけない。（ ）

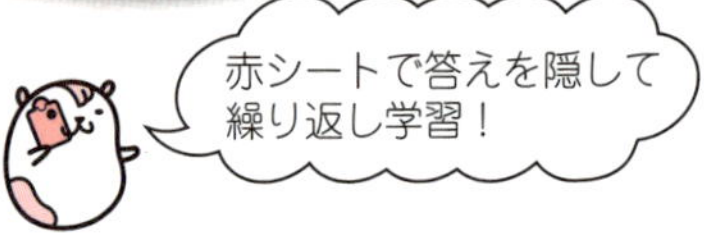

資料編

漢字学習に役立つ資料を豊富に掲載《けいさい》しています。問題を解く前に一字一字覚えたり、解いた後で調べたり、学習スタイルに合わせて使い分けましょう。

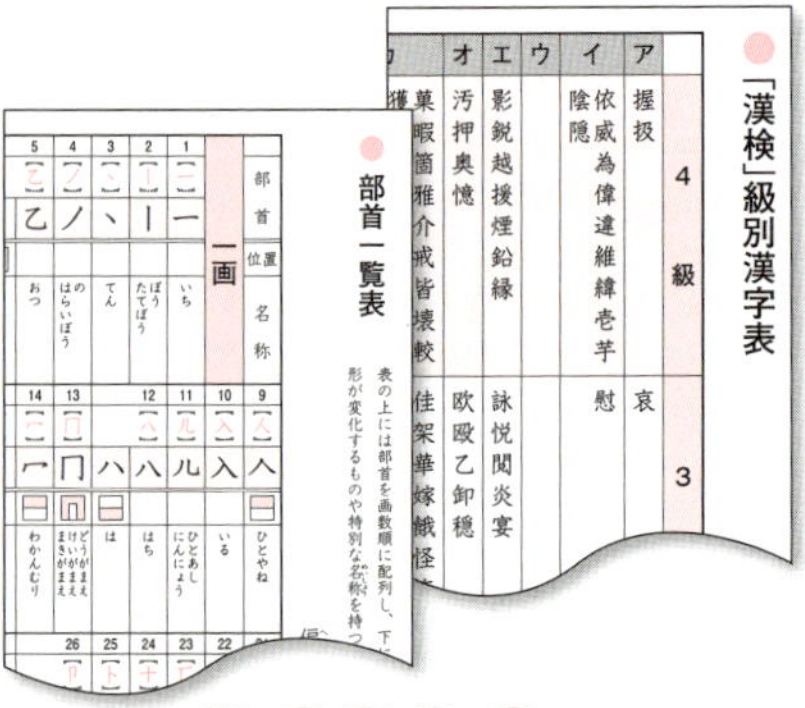

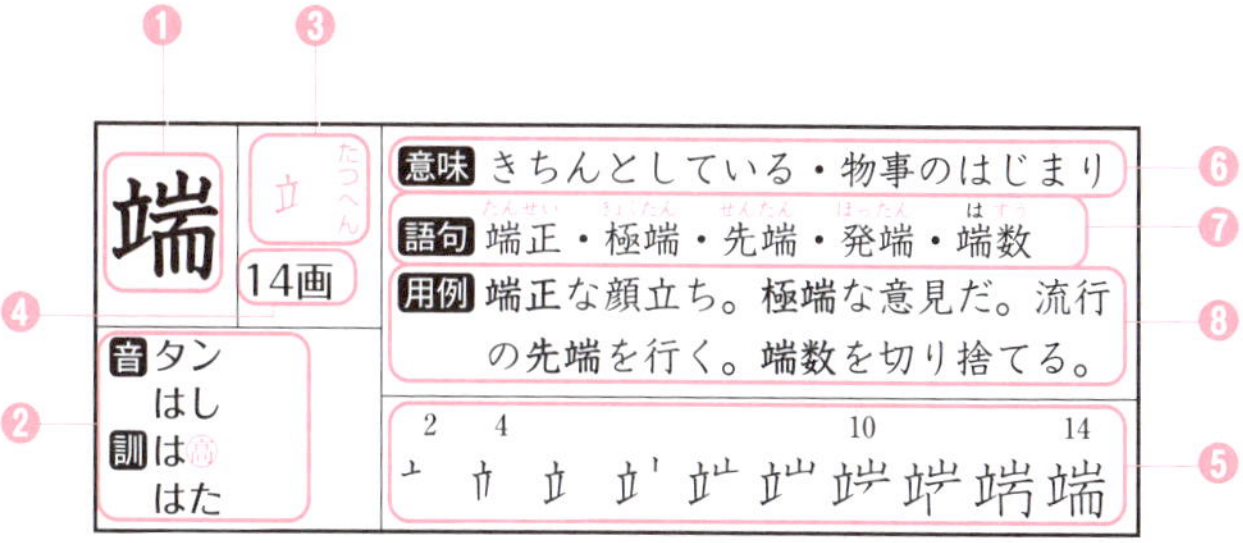

端
立 たつへん
14画
音 タン
訓 はし
はた
は高
意味 きちんとしている・物事のはじまり
語句 端正《たんせい》・極端《きょくたん》・先端《せんたん》・発端《ほったん》・端数《はすう》
用例 端正な顔立ち。極端な意見だ。流行の先端を行く。端数を切り捨てる。
2 4 10 14

漢字表

漢字表には覚えておきたい項目が整理されています。

❶ 漢字 「漢検」４級で新しく出題対象となる316字を、代表的な読みにより、五十音順に並べました。

❷ 読み 音読みはカタカナ、訓読みはひらがなで記載しています。高は高校で習う読み（準２級以上で出題対象）です。

❸ 部首 「漢検」で採用している部首・部首名です。

❹ 画数 総画数を示しています。

❺ 筆順 筆順は10の場面を示しています。途中を省略した場合は、その場面の上に現在何画目なのかを表示しました。

❻ 意味 当該《とうがい》漢字の基本的な意味です。

❼ 語句 当該漢字を含む熟語に赤字で読みがなを付けています。３級以上の漢字の読みや高校で習う読みは、読みがなを黒字で示しています。

❽ 用例 「語句」にある熟語を使った文例を示しています。

後ろから開くと参考書！
ハムスタディ

もくじ

「漢検」級別 主な出題内容

10級 …対象漢字数 八〇字

漢字の読み／漢字の書取／筆順・画数

9級 …対象漢字数 二四〇字

漢字の読み／漢字の書取／筆順・画数

8級 …対象漢字数 四四〇字

漢字の読み／漢字の書取／部首・部首名／筆順・画数／送り仮名／対義語／同じ漢字の読み

7級 …対象漢字数 六四〇字

漢字の読み／漢字の書取／部首・部首名／筆順・画数／送り仮名／対義語／同音異字／三字熟語

6級 …対象漢字数 八二五字

漢字の読み／漢字の書取／部首・部首名／筆順・画数／送り仮名／対義語・類義語／同音・同訓異字／三字熟語／熟語の構成

5級 …対象漢字数 一、〇〇六字

漢字の読み／漢字の書取／部首・部首名／筆順・画数／送り仮名／対義語・類義語／同音・同訓異字／誤字訂正／四字熟語／熟語の構成

4級 …対象漢字数 一、三二二字

漢字の読み／漢字の書取／部首・部首名／送り仮名／対義語・類義語／同音・同訓異字／誤字訂正／四字熟語／熟語の構成

3級 …対象漢字数 一、六〇七字

漢字の読み／漢字の書取／部首・部首名／送り仮名／対義語・類義語／同音・同訓異字／誤字訂正／四字熟語／熟語の構成

準2級 …対象漢字数 一、九四〇字

漢字の読み／漢字の書取／部首・部首名／送り仮名／対義語・類義語／同音・同訓異字／誤字訂正／四字熟語／熟語の構成

2級 …対象漢字数 二、一三六字

漢字の読み／漢字の書取／部首・部首名／送り仮名／対義語・類義語／同音・同訓異字／誤字訂正／四字熟語／熟語の構成

準1級 …対象漢字数 約三千字

漢字の読み／漢字の書取／故事・諺／対義語・類義語／同音・同訓異字／誤字訂正／四字熟語

1級 …対象漢字数 約六千字

漢字の読み／漢字の書取／故事・諺／対義語・類義語／同音・同訓異字／誤字訂正／四字熟語

※ここに示したのは出題分野の一例です。毎回すべての分野から出題されるとは限りません。また、このほかの分野から出題されることもあります。

日本漢字能力検定審査基準

4級

【程度】常用漢字※のうち約一、三〇〇字を理解し、文章の中で適切に使える。

【領域・内容】

《読むことと書くこと》

小学校学年別漢字配当表のすべての漢字と、その他の常用漢字約三〇〇字の読み書きを習得し、文章の中で適切に使える。

・音読みと訓読みとを正しく理解していること
・送り仮名や仮名遣いに注意して正しく書けること
・熟語の構成を正しく理解していること
・熟字訓、当て字を理解していること
（小豆／あずき、土産／みやげ　など）
・対義語、類義語、同音・同訓異字を正しく理解していること

《四字熟語》

四字熟語を理解している。

《部首》

部首を識別し、漢字の構成と意味を理解している。

※常用漢字とは、平成22年11月30日付内閣告示による「常用漢字表」に示された二、一三六字をいう。

3級

【程度】常用漢字※のうち約一、六〇〇字を理解し、文章の中で適切に使える。

【領域・内容】

《読むことと書くこと》

小学校学年別漢字配当表のすべての漢字と、その他の常用漢字約六〇〇字の読み書きを習得し、文章の中で適切に使える。

・音読みと訓読みとを正しく理解していること
・送り仮名や仮名遣いに注意して正しく書けること
・熟語の構成を正しく理解していること
・熟字訓、当て字を理解していること
（乙女／おとめ、風邪／かぜ　など）
・対義語、類義語、同音・同訓異字を正しく理解していること

《四字熟語》

四字熟語を理解している。

《部首》

部首を識別し、漢字の構成と意味を理解している。

※常用漢字とは、平成22年11月30日付内閣告示による「常用漢字表」に示された二、一三六字をいう。

準2級

【程度】常用漢字※のうち一※、九四〇字を理解し、文章の中で適切に使える。

【領域・内容】

《読むことと書くこと》

一、九四〇字の漢字の読み書きを習得し、文章の中で適切に使える。

・音読みと訓読みとを正しく理解していること
・送り仮名や仮名遣いに注意して正しく書けること
・熟語の構成を正しく理解していること
・熟字訓、当て字を理解していること
（硫黄／いおう、相撲／すもう　など）
・対義語、類義語、同音・同訓異字を正しく理解していること

《四字熟語》

典拠のある四字熟語を理解している（驚天動地、孤立無援　など）。

《部首》

部首を識別し、漢字の構成と意味を理解している。

※常用漢字とは、平成22年11月30日付内閣告示による「常用漢字表」に示された二、一三六字をいう。

※一、九四〇字とは、昭和56年10月1日付内閣告示による旧「常用漢字表」の一、九四五字から「勺」「錘」「銑」「脹」「匁」の五字を除いたものを指す。

2級

【程度】すべての常用漢字※を理解し、文章の中で適切に使える。

【領域・内容】

《読むことと書くこと》

すべての常用漢字の読み書きに習熟し、文章の中で適切に使える。

・音読みと訓読みとを正しく理解していること
・送り仮名や仮名遣いに注意して正しく書けること
・熟語の構成を正しく理解していること
・熟字訓、当て字を理解していること（海女／あま、玄人／くろうと　など）
・対義語、類義語、同音・同訓異字などを正しく理解していること

《四字熟語》

典拠のある四字熟語を理解している（鶏口牛後、呉越同舟　など）。

《部首》

部首を識別し、漢字の構成と意味を理解している。

※常用漢字とは、平成22年11月30日付内閣告示による「常用漢字表」に示された二、一三六字をいう。

日本漢字能力検定採点基準

最終改定：平成二十五年四月一日　公益財団法人日本漢字能力検定協会

(1) 採点の対象

筆画を正しく、明確に書かれた字を採点の対象とし、くずした字や、乱雑に書かれた字は採点の対象外とする。

(2) 字種・字体

①2～10級の解答は、内閣告示「常用漢字表」（平成二十二年）による。ただし、旧字体での解答は正答とは認めない。

②1級および準1級の解答は、『漢検要覧　1／準1級対応』（公益財団法人日本漢字能力検定協会発行）に示す「標準字体」「許容字体」「旧字体一覧表」による。

(3) 読み

①2～10級の解答は、内閣告示「常用漢字表」（平成二十二年）による。

②1級および準1級の解答には、①の規定は適用しない。

(4) 仮名遣い

仮名遣いは、内閣告示「現代仮名遣い」による。

(5) 送り仮名

送り仮名は、内閣告示「送り仮名の付け方」による。

(6) 部首

部首は、『漢検要覧　2～10級対応』（公益財団法人日本漢字能力検定協会発行）収録の「部首一覧表と部首別の常用漢字」による。

(7) 筆順

筆順の原則は、文部省編『筆順指導の手びき』（昭和三十三年）による。常用漢字一字一字の筆順は、『漢検要覧　2～10級対応』収録の「常用漢字の筆順一覧」による。

(8) 合格基準

級	満点	合格
1級／準1級／2級	二〇〇点	八〇％程度
準2級／3級／4級／5級／6級／7級	二〇〇点	七〇％程度
8級／9級／10級	一五〇点	八〇％程度

※部首、筆順は『漢検　漢字学習ステップ』など公益財団法人日本漢字能力検定協会発行図書でも参照できます。

漢字の読み

音読み

1

次の――線の**読み**を**ひらがな**で、（　）の中に記せ。

1 市の中心街で高層ビルが偉容を誇っている。（いよう）

2 河川の水質汚濁が問題だとして取り上げられた。（おだく）

3 豪快なシュートで先制した。（ごうかい）

4 パソコンの普及が目覚ましい。（ふきゅう）

5 むやみに他人の意見に迎合するのはよくない。（げいごう）

6 たき火をした形跡がある。（けいせき）

7 有無を言わせず引きずり出す。（うむ）

8 景気の回復に拍車をかける。（はくしゃ）

9 大雪で列車が遅延した。（ちえん）

10 バザーは盛況のうちに終わった。（せいきょう）

11 さまざまな条件を考慮に入れるべきだ。（こうりょ）

12 いくら考えても妙案が思い浮かばず頭を抱える。（みょうあん）

13 薬剤で害虫を駆除する。（くじょ）

14 会社から海外に派遣されることになった。（はけん）

/30

15 会員証に写真を添付する。（てんぷ）

16 現代社会を鋭く風刺した小説である。（ふうし）

17 校舎が老朽化してきたので改築する。（ろうきゅう）

18 ついに雌雄を決するときがやって来た。（しゆう）

19 投票日に向け舌戦の幕が切って落とされた。（ぜっせん）

20 プライバシーの侵害だと訴えられた。（しんがい）

21 探検隊は未踏の地に分け入った。（みとう）

22 近隣によく知られている上品な方です。（きんりん）

23 粒子のあらい写真だ。（りゅうし）

24 台風に備えるため橋脚に鋼板を巻いて補強する。（きょうきゃく）

25 政界では雷名一世にとどろく人だった。（らいめい）

26 旧友との思わぬ再会を果たし、感涙にむせんだ。（かんるい）

27 銀翼を連ねて飛び去った。（ぎんよく）

28 ガラスの破片で指を切った。（はへん）

29 率先して練習をする。（そっせん）

30 うそのつけない性分です。（しょうぶん）

漢字の読み

音読み 2

●次の――線の**読み**を**ひらがな**で、（　）の中に記せ。

1 病人に付き添い介抱する。（かいほう）

2 脚注を参照して口語訳する。（きゃくちゅう）

3 会則変更の是非を問う投票を行うことになった。（ぜひ）

4 昨日の役員会議は冒頭から荒れ模様だった。（ぼうとう）

5 難関を首尾よく突破した。（しゅび）

6 不況の影響は教育界にまで波及した。（はきゅう）

7 ぶた肉には脂肪分が多い。（しぼう）

8 勝利への執念が実を結んだ。（しゅうねん）

9 友とは固い握手で別れた。（あくしゅ）

10 姉は合格の朗報を得て有頂天になっている。（うちょうてん）

11 尋常の手段では解決しない。（じんじょう）

12 最終的な結論に至った経緯を詳しく説明する。（けいい）

13 実家の商店は年末で繁忙を極めている。（はんぼう）

14 濃霧が晴れて視界が開けてきた。（のうむ）

／30

15 朱に交われば赤くなる。（しゅ）

16 現在、古い店舗を改築中だ。（てんぽ）

17 家族で海浜の宿に泊まることに決めた。（かいひん）

18 野球の殿堂入りを果たした人として有名だ。（でんどう）

19 空前絶後の危機にあたって敏速に対応する。（びんそく）

20 風致地区では都市計画法によって建築が制限される。（ふうち）

21 応援席の歓声が選手たちの士気を鼓舞した。（こぶ）

22 趣向をこらした仮装が多い。（しゅこう）

23 辞書は学生の必需品である。（ひつじゅ）

24 夜の静寂を破って、サイレンが鳴り響く。（せいじゃく）

25 今年の秋も恒例の文化祭が行われる。（こうれい）

26 母校の伝統には汚点を残してはならない。（おてん）

27 事故の惨状に思わず目を背ける。（さんじょう）

28 勝手な憶測だけで判断してはいけない。（おくそく）

29 千慮の一失ということがあるので気をつけよう。（せんりょ）

30 親の事業を継承する。（けいしょう）

漢字の読み

音読み 3

●次の――線の**読み**を**ひらがな**で、（　）の中に記せ。

1 備品台帳に登載する。（とうさい）

2 甘言をもって危険な投資にさそい込む。（かんげん）

3 容疑者は事件に関与したことを認めた。（かんよ）

4 被害状況の詳細を知りたい。（しょうさい）

5 後輩の失礼な態度に思わず怒号を発した。（どごう）

6 毎月一回は散髪をする。（さんぱつ）

7 宮殿の天井画を見上げる。（てんじょう）

8 鳥が入って来て、室内は騒然となった。（そうぜん）

9 救命胴衣は座席の下にある。（どうい）

10 自ら墓穴を掘り、最悪な結果となった。（ぼけつ）

11 余暇の利用に工夫をこらす。（よか）

12 日照りで草木が枯死する。（こし）

13 大型台風の襲来に備えて家族で避難する。（しゅうらい）

14 決まった時刻に起床する。（きしょう）

／30

15 体育の授業で転倒して、鎖骨を折った。（さこつ）

16 君の話は誇張が多いので信用できない。（こちょう）

17 繁殖力の強い虫のようだ。（はんしょく）

18 常に自分の欲求を制御すべきだ。（せいぎょ）

19 去年、定年退職して優雅な生活を送っている。（ゆうが）

20 盛り場の雑踏に迷い込んだ。（ざっとう）

21 干拓によって広大な農地が生まれた。（かんたく）

22 彼の絵は色彩の濃淡がはっきりしている。（のうたん）

23 以前言ったことと矛盾する。（むじゅん）

24 当時の千円は今の壱万円に匹敵する。（ひってき）

25 倉庫から荷物を搬出した。（はんしゅつ）

26 最近は仕事に忙殺されて買い物にも行けない。（ぼうさつ）

27 約束の期日までには返却してください。（へんきゃく）

28 議員の間でも定数の是正を求める声が強い。（ぜせい）

29 前後の脈絡がはっきりしないスピーチだ。（みゃくらく）

30 凶悪な犯罪がよく目につく。（きょうあく）

漢字の読み

音読み 4

●次の――線の**読み**を**ひらがな**で、（　）の中に記せ。

1 雲表にそびえ立つ雄大な山々を仰視する。（ぎょうし）

2 外国の演奏家を招致する。（しょうち）

3 恐怖のあまり絶叫した。（ぜっきょう）

4 平和の恩恵に浴している。（おんけい）

5 今場所屈指の取り組みに場内が大いにわいた。（くっし）

6 劣勢を跳ね返すのに十分な快挙だった。（れっせい）

7 情景を細かく描写したたくみな文章だ。（びょうしゃ）

8 日本料理は淡泊な味が多い。（たんぱく）

9 証拠調べが終わった段階だ。（しょうこ）

10 耐久性に富んだ新製品の開発に努める。（たいきゅう）

11 発展途上国に援助をする。（えんじょ）

12 寸暇をおしんで研究する。（すんか）

13 博士は含蓄のある言葉を残した。（がんちく）

14 反対派の否定的な意見はすべて却下された。（きゃっか）

／30

15 姉は専門学校卒業後、服飾界で活躍している。（ふくしょく）

16 場内に紫煙が立ち込める。（しえん）

17 現実が苦しくても逃避してはいけない。（とうひ）

18 山上では空気も希薄になる。（きはく）

19 すべての生物は食物連鎖でつながっている。（れんさ）

20 念願の会社に就職して、本望をとげた。（ほんもう）

21 昨夜、病院長の執刀で母の手術が行われた。（しっとう）

22 庭には雑草が繁茂している。（はんも）

23 その本の内容には釈然としない箇所がある。（しゃくぜん）

24 需要と供給のバランスをとることが大切だ。（じゅよう）

25 実験中に薬品が爆発した。（ばくはつ）

26 好況の徴候がある。（ちょうこう）

27 勝手な行動を是認することはできない。（ぜにん）

28 彼の門下から優れた人材が輩出した。（はいしゅつ）

29 宿敵に完膚なきまでにたたきのめされた。（かんぷ）

30 毎週点滴注射を受けている。（てんてき）

漢字の読み

音読み 5

/30

次の——線の**読み**を**ひらがな**で、（　）の中に記せ。

1 弟は昔からよく知恵が回るほうだった。（ちえ）

2 修学旅行の団体に添乗する。（てんじょう）

3 毎日午後五時には入り口を閉鎖している。（へいさ）

4 重要な部分に傍線をつける。（ぼうせん）

5 急に烈火のごとく怒りだした。（れっか）

6 品質保持期限は別途記載しています。（べっと）

7 違反者に対する新しい罰則規定を示す。（ばっそく）

8 彼岸にお墓参りに出かけた。（ひがん）

9 枯淡な画風の絵だ。（こたん）

10 お待ち兼ねの新製品が本日入荷いたしました。（にゅうか）

11 父の縁故を頼って上京しようと考えている。（えんこ）

12 時代に即応した考え方だ。（そくおう）

13 山の斜面に夕日が当たっている。（しゃめん）

14 自作の盆景の世界に浸る。（ぼんけい）

15 母は謡曲を習っている。（ようきょく）

16 これは高級食材として珍重されているものだ。（ちんちょう）

17 冬眠から覚めたクマが穴から出てきた。（とうみん）

18 とても雅趣に富んだ庭だ。（がしゅ）

19 幼児の心の動きを微細に観察する。（びさい）

20 先輩にしかられて神妙な態度になった。（しんみょう）

21 荒れ地を開拓するのが夢だ。（かいたく）

22 隣町の病院に胃の透視検査を受けに行く。（とうし）

23 時代の動きを投影した、若者らしい考えだ。（とうえい）

24 寺の境内で野鳥が遊ぶ。（けいだい）

25 その選手は陸上の跳躍競技を得意としている。（ちょうやく）

26 欠点ばかり指摘せずに見守ってほしい。（してき）

27 荷物を倉庫に運搬する。（うんぱん）

28 鋭敏な神経の持ち主だ。（えいびん）

29 迫力のある演技に思わず息をのんだ。（はくりょく）

30 全国各地の古い寺院の壁画を見て回る。（へきが）

漢字の読み

●次の――線の読みをひらがなで、（　）の中に記せ。

1 人々は選手を歓呼の声で送った。（かんこ）

2 直角より大きい角を鈍角という。（どんかく）

3 サンマはまさに秋が旬の魚だ。（しゅん）

4 鋭利なナイフを使って、器用に工作した。（えいり）

5 人々から親しまれてきた不朽の名作だ。（ふきゅう）

6 不利益を受けたので提訴する心づもりだ。（ていそ）

7 投手の交替が告げられた。（こうたい）

8 火口から煙が噴出している。（ふんしゅつ）

9 彼の熱狂的なファンだ。（ねっきょう）

10 自らの正直な気持ちを吐露した一言であった。（とろ）

11 製品の販路を海外に求める。（はんろ）

12 敏腕な記者として業界では知られている。（びんわん）

13 貴重な原本と相違がないことを証明する。（そうい）

14 威儀を正して拝殿に上がった。（いぎ）

／30

15 要点をノートに箇条書きにしてまとめる。（かじょう）

16 家宝の刀剣や美術品を大事に保管する。（とうけん）

17 少年時代からの雄図を実現する。（ゆうと）

18 隷属的関係をたつときが来た。（れいぞく）

19 週刊誌に旅行記を連載している。（れんさい）

20 宇宙船はしばらくして大気圏内に突入した。（けんない）

21 急な傾斜の坂道を転ばないように注意して下る。（けいしゃ）

22 昨日の追試験でやっと及第点が取れた。（きゅうだい）

23 学生のときに世話になった恩師に近況を知らせる。（きんきょう）

24 行政の末端まで浸透するには時間がかかる。（しんとう）

25 会費の徴収を依頼する。（ちょうしゅう）

26 建物には耐用年数がある。（たいよう）

27 がんを征圧する新薬の開発が待たれる。（せいあつ）

28 千尋の谷間に一輪の花が咲いている。（せんじん）

29 鉄分の含有量を調べる。（がんゆう）

30 冬は特に空気が乾燥するので火の元に注意する。（かんそう）

漢字の読み

音読み

7

●次の——線の読みをひらがなで、（　）の中に記せ。

1 恒久的な政策が必要だ。（こうきゅう）

2 わき水のくみ上げで地盤が沈下する。（ちんか）

3 準備不足が原因で悲惨な結果になった。（ひさん）

4 歓迎会は盛大に開かれた。（せいだい）

5 合成した樹脂の用途は広い。（じゅし）

6 来月の中旬に隣町に引っ越す予定でいる。（ちゅうじゅん）

7 奴隷の解放が宣言された。（どれい）

8 柔和な顔つきの仏像だ。（にゅうわ）

9 断片的にしか覚えていない。（だんぺん）

10 お申し出の趣旨はよくわかりました。（しゅし）

11 煙霧が草原を包んでいる。（えんむ）

12 記録の更新を目指して、絶えず努力する。（こうしん）

13 感謝状の授与式に出席した。（じゅよ）

14 高名な舞踊家の公演会が、先日行われた。（ぶよう）

／30

15 従来のやり方を踏襲することにした。（とうしゅう）

16 虫歯の治療に通っている。（ちりょう）

17 兄は病院の皮膚科に毎週通っている。（ひふ）

18 選手団は元気に海外遠征の途に就いた。（えんせい）

19 快晴を期待したが、遠足の日は曇天だった。（どんてん）

20 論拠を列挙して結論に導く。（ろんきょ）

21 野生馬が猛烈な勢いで走る。（もうれつ）

22 依頼心の強さを友だちから指摘された。（いらい）

23 古文書の新発見は学会に波紋を投じた。（はもん）

24 象の捕獲は禁じられている。（ほかく）

25 この道一筋に精進を続けた。（しょうじん）

26 最新鋭の機器を駆使して情報を処理する。（くし）

27 砂丘で育つ植物の生態系を研究する。（さきゅう）

28 歌謡界で脚光を浴びてさっそうと登場した。（きゃっこう）

29 躍起になって弁解した。（やっき）

30 新生児の握力が予想以上に強くて驚いた。（あくりょく）

漢字の読み

音読み

8

/30

● 次の——線の**読み**を**ひらがな**で、（　）の中に記せ。

1 災害時に備えて情報網を整備することになった。（もう）

2 盤石の重みのある一言だ。（ばんじゃく）

3 来春、婚礼が行われる予定だと発表された。（こんれい）

4 壁面いっぱいに風景画が描かれている。（へきめん）

5 鉱石の採掘現場を見学する。（さいくつ）

6 識者の意見を徴する。（ちょう）

7 ときどき奇抜な行動をとる。（きばつ）

8 見解の相違で学会から離脱することになった。（りだつ）

9 生まれ育った地域の発展のために尽力する。（じんりょく）

10 後片付けは至極当然のことだ。（しごく）

11 おだやかな気性の人だ。（きしょう）

12 山はだが赤く露出している。（ろしゅつ）

13 仕事をやめて長期の療養に入ることにした。（りょうよう）

14 新事業は大幅な躍進をとげた。（やくしん）

15 屋根は鋭角を成していた。（えいかく）

16 法律についての知識は皆無に等しい。（かいむ）

17 幸い事故を回避できた。（かいひ）

18 驚嘆にあたいする発明だ。（きょうたん）

19 勇猛心を奮い立たせて、最終回の攻撃を行った。（ゆうもう）

20 不正行為が摘発されて、世間の話題となった。（てきはつ）

21 試験の後に配られた模範解答に目を通す。（もはん）

22 大事業の一翼をになって今までやってきた。（いちよく）

23 事実が雄弁に物語っている。（ゆうべん）

24 歳月人を待たずと昔からいわれている。（さいげつ）

25 天候は生活に影響を与える。（えいきょう）

26 三種類の薬剤をうまく混ぜ合わせる。（やくざい）

27 検察官の厳しい尋問が被疑者を自白に導いた。（じんもん）

28 明け方まで勉強した疲労が残っている。（ひろう）

29 恐怖心をおさえて古いつり橋を渡った。（きょうふ）

30 平和を祈念して像を建てる。（きねん）

漢字の読み

訓読み

1

/30

次の——線の読みをひらがなで、（　）の中に記せ。

1 子どものころ、よく公園で隠れんぼをして遊んだ。（かく）

2 いつになく大勝して誇らしい気持ちになる。（ほこ）

3 明け方の大空を流れ星が斜めに横切った。（なな）

4 倉庫に眠っている器材を生かす。（ねむ）

5 暴飲暴食を慎む。（つつし）

6 旅館は客扱いに気を遣う。（あつか）

7 旅行の出発日を繰り延べる。（く）

8 祖母は早朝から稲刈りに精を出している。（いねか）

9 荷物を箱詰めにして送る。（はこづ）

10 息子は英国に留学中だ。（むすこ）

11 実力は兄に勝るとも劣らない。（おと）

12 煮え湯を飲まされたような気持ちになる。（に）

13 ジュースをこぼして着物を汚してしまった。（よご）

14 冬を越す準備に忙しい。（こ）

15 木立ちの間から美しい湖が透けて見える。（す）

16 証文を胸先に突きつけられておどされた。（むなさき）

17 磁石の針が北に振れた。（ふ）

18 突然の大雨で客の出足が鈍ってきた。（にぶ）

19 商品の代金を、郵便局の為替を使って送る。（かわせ）

20 五月雨をあつめて早し最上川《もがみがわ》（さみだれ）

21 故人の遺志を受け継ぐ。（つ）

22 二度と失敗しないように自らを戒めた。（いまし）

23 夜空を仰いで静かにまたたく冬の星座を見る。（あお）

24 大きく息を弾ませながら教室に入ってきた。（はず）

25 経験豊かな部長の意見を伺うことにした。（うかが）

26 不審火《ふしんび》を見つけて思わず大声で火事だと叫んだ。（さけ）

27 魚料理に薬味を添える。（そ）

28 今後も更に努力することを約束する。（さら）

29 山で薪を拾ってくる。（たきぎ）

30 風雨を冒して救助に出発した。（おか）

漢字の読み

訓読み 2

●次の——線の読みをひらがなで、（　）の中に記せ。

1 彼が残した功績はわが社の誉れである。（ほま）

2 突然、山仕事中にハチの大群に襲われた。（おそ）

3 行方不明者の安否が危ぶまれている。（あや）

4 庭に淡雪が残っている。（あわゆき）

5 濃霧の中を計器に頼って飛ぶ。（たよ）

6 台風が太平洋沖を通過した。（おき）

7 友だちに思いの丈を打ち明けた。（たけ）

8 新製品の優れた点が世間に高く評価された。（すぐ）

9 夏の暑さはもう峠を越した。（とうげ）

10 日和見主義は敬遠される。（ひよりみ）

11 決戦に備えて力を十分に蓄えておく。（たくわ）

12 相手を非難ばかりするのはなるべく避けよう。（さ）

13 事情をよくお含みください。（ふく）

14 女の細腕で一家を支える。（ほそうで）

／30

15 この辺りの地理に詳しい人物に聞く。（くわ）

16 災害時の流言は人の心を惑わすことが多い。（まど）

17 庭の植木を刈り込む。（か）

18 板の間に柔らかい布を敷く。（し）

19 あまりの陰惨な光景に思わず目を背けた。（そむ）

20 長く口を閉ざしていた犯人がようやく本音を吐いた。（は）

21 木綿織りの着物を買う。（もめん）

22 ようやく実力を発揮する好機が訪れた。（おとず）

23 遠方からの客に温かいお茶を勧めた。（すす）

24 質問の矛先がこちらに向く。（ほこさき）

25 彼のピアノ演奏には筆舌に尽くしがたい感動を覚えた。（つ）

26 暖かくなり、枯れ野もようやく芽吹いてきた。（か）

27 死後に位を贈られた。（おく）

28 どこからか新しい畳のにおいがする。（たたみ）

29 梅花香る季節になりました。（かお）

30 ここから見る雄大な海原の景色がすばらしい。（うなばら）

漢字の読み

訓読み 3

/30

●次の——線の読みをひらがなで、（　）の中に記せ。

1 観客からの声援に手を振って応えた。（ふ）

2 新製品の開発を図っている。（はか）

3 授賞式が厳かに行われる。（おごそ）

4 不況のせいで会社の経営状態が傾いてきた。（かたむ）

5 恵まれた家庭環境で不自由なく育つ。（めぐ）

6 うまく解決する方法を探る。（さぐ）

7 経験から推して、成功は間違いない。（お）

8 新しい革ぐつを買った。（かわ）

9 電車は満席で座れなかった。（すわ）

10 久しぶりに泊まりがけの旅行をした。（と）

11 用件をメモに記しておく。（しる）

12 狭い部屋だが日当たりはよい。（せま）

13 選手の一人がゴール目前で急に倒れた。（たお）

14 脂身の少ない牛肉だ。（あぶらみ）

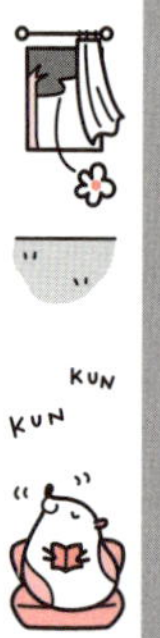

15 先例がないことを盾に取ってこばむ。（たて）

16 ひとはだ脱いで感謝された。（ぬ）

17 木の葉にしたたる雨の滴が光っている。（しずく）

18 場所柄をわきまえて話す。（がら）

19 自身が持つ世界記録を大幅に更新した。（おおはば）

20 鳥が翼を大きく広げて南へ飛び立った。（つばさ）

21 株式投資で財産を殖やす。（ふ）

22 責任を逃れることは決して許されない。（のが）

23 若者の心理を描いた小説だ。（えが）

24 少々の失敗で腐ることはないだろう。（くさ）

25 国を挙げてその業績をほめたたえた。（あ）

26 どうぞ召し上がれ。（め）

27 単純なミスが続き恥ずかしい思いをする。（は）

28 仕事は困難を極めた。（きわ）

29 祖父は老いてますます血気盛んなようだ。（さか）

30 友だちと旅の土産話に花を咲かせた。（みやげ）

●次の――線の**読み**を**ひらがな**で、（　）の中に記せ。

1 暦の上では春だがまだ寒い。（こよみ）

2 年とともに近ごろ古里が恋しくなってきた。（こい）

3 つえとも柱とも頼む人だ。（たの）

4 秋も深まり夜露の候になった。（よつゆ）

5 小さかったひな鳥もそろそろ親離れの時期だ。（ばな）

6 新しい橋の渡り初め式が盛大に行われた。（ぞ）

7 両国の代表は誠を尽くして話し合った。（まこと）

8 長年の風雪に耐えてきた。（た）

9 川の縁の遊歩道は若葉に包まれている。（ふち）

10 どこまでも澄み切った青空だ。（す）

11 森でチョウを捕まえてきた。（つか）

12 桜の花びらが池の水面に浮いている。（う）

13 備えあればうれいなし。（そな）

14 毎日の行いを省みる。（かえり）

/30

15 白髪頭の老人が公園を散歩している。（しらが）

16 不当な処分を受けて裁判所に訴えを起こした。（うった）

17 すぐ職場に溶け込んだ。（と）

18 七月に入ると姉妹で七夕祭りの飾りつけをする。（たなばた）

19 言い訳をするよりも早く謝ったほうがよい。（あやま）

20 名人から極意を授けられた。（さず）

21 寝不足では仕事に差し支える。（つか）

22 聞きしに勝るすばらしい景色である。（まさ）

23 身軽な服装でどなたでもご参加ください。（みがる）

24 貝のように口を閉ざして何も語らない。（と）

25 大砲を撃つ音が響く。（ひび）

26 獣道のような所を友だちと進んで行った。（けものみち）

27 おじの家は書店と文具店を兼ねている。（か）

28 実物の巨大さには本当に驚かされた。（おどろ）

29 正面から闘いをいどんだ。（たたか）

30 兄はギターを弾いている。（ひ）

漢字の読み

訓読み 5

/30

●次の――線の**読み**を**ひらがな**で、（　）の中に記せ。

1 講演後の会場からは鋭い質問が続出した。（するど）

2 思いがけず旅行先で幼なじみと巡り会った。（めぐ）

3 国境を侵す人影が見えた。（おか）

4 仲間が心配して駆け足で集まってきた。（か）

5 日本の選手が上位を占めた。（し）

6 美点を声高に主張する。（こわだか）

7 川の堤に沿って散歩する。（つつみ）

8 待ちに待った開幕の期日がついに迫ってきた。（せま）

9 荷物を抱えて遠出する。（かか）

10 公平な裁きを期待する。（さば）

11 外交の行方を見守る。（ゆくえ）

12 お金を借りるためには保証人が要る。（い）

13 自らの体験に基づいて正誤を判断する。（もと）

14 親子で雌牛の世話をする。（めうし）

15 狩りの獲物を仲間と均等に山分けする。（か）

16 待ち時間があまりに長く、疲れてしまった。（つか）

17 研究が壁に突きあたる。（かべ）

18 四半世紀ぶりに海底の山が火を噴いた。（ふ）

19 本が好きな妹は毎週、図書館で小説を借りている。（か）

20 二度と他人に腰抜けとは言わせない。（こしぬ）

21 小さな舟が浮かんでいる。（ふね）

22 山菜を摘みに出かけた。（つ）

23 有終の美を飾る一戦にしたい。（かざ）

24 祖母は紫のかばんをとても気に入っている。（むらさき）

25 最近の世相は全く嘆かわしい。（なげ）

26 一息する暇もないほどに多忙な生活だ。（ひま）

27 軒先を借りて雨宿りした。（のきさき）

28 暑さが増して、今年も衣替えの季節になった。（ころもが）

29 あれは山奥だけにすむ珍しい鳥である。（やまおく）

30 目に触れるものがすべて美しく見える。（ふ）

漢字の読み

訓読み

6

●次の――線の**読み**を**ひらがな**で、（　）の中に記せ。

1 大雨で庭が水浸しになった。（みずびた）

2 欲しかった服が三割の値引きで売り出されていた。（ねび）

3 雄牛の角は太くて真っすぐだ。（おうし）

4 クラゲに手首を刺された。（さ）

5 準備に手間取って予定より開会が遅れる。（おく）

6 ようやく長年の苦労が報われるときが来た。（むく）

7 台風で壊れた古い体育館の修理が始まる。（こわ）

8 鉛色の空から雨が降る。（なまりいろ）

9 増税分が景気に跳ね返ってくる。（は）

10 かばんを肩にかけて歩く。（かた）

11 ピストルから弾を抜き取る。（たま）

12 乳飲み子の世話をして毎日を過ごす。（ち）

13 観光事業が盛んな地域だ。（さか）

14 道端で拾ったお金を最寄りの交番に届けた。（みちばた）

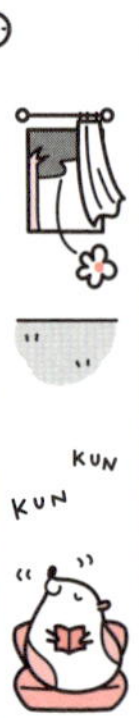

/30

15 渡り鳥が北から海を越えてやって来た。（わた）

16 校庭におい茂っている草を刈る。（しげ）

17 手紙を読む前に胸騒ぎがした。（むなさわ）

18 全員出払っていてとても静かなひとときだ。（ではら）

19 濃い霧が立ち込め山を包み込んでいる。（こ）

20 デパートで幼い子どもが迷子になっている。（まいご）

21 トンビが大空をゆうゆうと舞っている。（ま）

22 残金はあと幾らもない。（いく）

23 小遣いをためてサッカーボールを買った。（こづか）

24 急に止まったので体が前後左右に振れる。（ふ）

25 階段の踊り場で友人としゃべっていた。（おど）

26 朽ち果てた小屋がある。（く）

27 沼には水草が群生している。（ぬま）

28 転勤して新しい任務に就くことになった。（つ）

29 隣の芝生は青い。（しばふ）

30 吹雪のために視界が悪くなってきた。（ふぶき）

漢字の読み

訓読み

7

/30

●次の――線の**読み**を**ひらがな**で、（　）の中に記せ。

1 手抜きをすると後が怖い。（こわ）

2 「罪をにくんで人をにくまず」ということわざがある。（つみ）

3 海外の古本屋で珍しい絵本を手に入れた。（めずら）

4 芋掘り大会に出場して優勝した。（いもほ）

5 完成を目前にして計画は足踏み状態になった。（あしぶ）

6 包装紙をきれいに畳む。（たた）

7 結果が出て努力が報われた。（むく）

8 ドライアイスに直接触るな。（さわ）

9 昨日雨が降ったので川の水が少し濁っている。（にご）

10 一輪の花が趣を添えている。（おもむき）

11 形式的で堅苦しい話はもうやめよう。（かた）

12 彼が犯人である可能性が薄らぐ。（うす）

13 町の交番で道を尋ねた。（たず）

14 新しい試みとして是非取り組みたい。（こころ）

15 人気商品の売り上げにも陰りが見えてきた。（かげ）

16 地場産業が寂れないように対策を立てる。（さび）

17 一人娘が昨年とついだ。（むすめ）

18 冬の海はよく荒れる。（あ）

19 貯金が目減りし生活がますます苦しい。（めべ）

20 葉脈が網の目のようだ。（あみ）

21 思わず握りこぶしを振り上げてしまった。（にぎ）

22 木の幹にカブトムシの雄と雌がとまっていた。（めす）

23 校内の合唱コンクールで指揮を執ることになった。（と）

24 空に鮮やかなにじの橋がかかっている。（あざ）

25 のどかな田園風景をキャンバスに描いた。（えがか）

26 悲しげに顔を曇らせる。（くも）

27 安全のため電車のつり革をしっかりと持つ。（かわ）

28 時雨煮の作り方を習った。（しぐれに）

29 菜の花を見る度に祖母のことを思い出す。（たび）

30 住み慣れた土地を立ち退く。（の）

漢字の読み

訓読み

8

/30

●次の――線の読みをひらがなで、（　）の中に記せ。

1 急いで書いたので字が躍った。（おど）

2 引っ越してとても忙しい毎日を送っている。（いそが）

3 子どもたちは黙って話を聞いている。（だま）

4 鎖を伝って岩山に登る。（くさり）

5 物事の違いのわかる人だ。（ちが）

6 大事な試合に負けてくやし涙に暮れた。（なみだ）

7 夏の雷は夕方に多い。（かみなり）

8 おしいところで大魚を取り逃がした。（に）

9 相手の出方を試してみる。（ため）

10 最寄り駅からの地図を作成する。（もよ）

11 狭くて汚い部屋ですが、どうぞお入りください。（きたな）

12 この日本酒は甘口で飲みやすい。（あまくち）

13 針で指を突いてしまった。（つ）

14 暑くなってきたので髪の毛を短く切りそろえる。（かみ）

15 やなぎは緑、花は紅。（くれない）

16 これはまだ公にはなっていない事件だ。（おおやけ）

17 突然の交通事故で大きな損害を被った。（こうむ）

18 隣近所に転居のあいさつをして回った。（となり）

19 努力を重ねて、だれもが認める偉い人になった。（えら）

20 米粒の表面に字を書く人がいるそうだ。（こめつぶ）

21 ヘビが獲物をねらっている。（えもの）

22 ミスの多さを謝った。（あやま）

23 有名な観光地には世界中から人が訪れる。（おとず）

24 赤ちゃんのはだは柔らかい。（やわ）

25 山小屋が混雑して寝る所がない。（ね）

26 浜辺でとてもきれいな貝がらを見つけた。（はまべ）

27 恐ろしくていつまでも震えが止まらない。（ふる）

28 手に汗を握る熱戦が続く。（あせ）

29 友だちに将来についての悩みを打ち明ける。（なや）

30 しだいに彼に対する怒りが込み上げてきた。（いか）

同音・同訓異字 1

●次の——線の**カタカナ**にあてはまる漢字をそれぞれの**ア～オ**から選び、記号を〔　〕に記入せよ。

1 九州を北から南まで**トウ**破する。〔エ〕
2 **トウ**突な質問でびっくりした。〔イ〕
3 バイクで転**トウ**事故を起こした。〔オ〕
（ア透　イ唐　ウ到　エ踏　オ倒）

4 広い野原で大きく**チョウ**躍した。〔ア〕
5 山**チョウ**に大きな木がある。〔ウ〕
6 水には表面**チョウ**力が働く。〔エ〕
（ア跳　イ朝　ウ頂　エ張　オ帳）

7 忙しくて**ヒ**労がたまったようだ。〔オ〕
8 寺で**ヒ**蔵の宝物展があった。〔イ〕
9 強風で山小屋に退**ヒ**した。〔ウ〕
（ア費　イ秘　ウ避　エ批　オ疲）

10 神社の**ケイ**内をそうじした。〔ウ〕
11 伝統工芸の後**ケイ**者を育てる。〔ア〕
12 科学の恩**ケイ**を受けている。〔エ〕
（ア継　イ敬　ウ境　エ恵　オ計）

13 一家の生計を**イ**持する。〔オ〕
14 出版社から執筆を**イ**頼された。〔ウ〕
15 事件の経**イ**が詳しく報道された。〔イ〕
（ア為　イ緯　ウ依　エ委　オ維）

/33

16 全く根**キョ**のないうわさ話だ。〔ウ〕
17 駅まで相当の**キョ**離がある。〔オ〕
18 **キョ**大な岩石がくずれ落ちた。〔エ〕
（ア 挙　イ 許　ウ 拠　エ 巨　オ 距）

19 砂**キュウ**が遠くまで続いている。〔オ〕
20 腸で栄養分を**キュウ**収する。〔ア〕
21 薄型テレビが普**キュウ**している。〔ウ〕
（ア 吸　イ 給　ウ 及　エ 宮　オ 丘）

22 今年も日本記録が**コウ**新された。〔イ〕
23 新春**コウ**例の行事だ。〔エ〕
24 機械化で仕事の**コウ**率を上げる。〔オ〕
（ア 項　イ 更　ウ 高　エ 恒　オ 効）

25 警備員が**ジュン**回している。〔イ〕
26 日程を**ジュン**次繰り下げる。〔エ〕
27 **ジュン**刊の情報誌を買った。〔ア〕
（ア 旬　イ 巡　ウ 準　エ 順　オ 盾）

28 真っ白な雪が**ツ**もっている。〔オ〕
29 来週は予定が**ツ**まっている。〔エ〕
30 薬草を**ツ**みに出た。〔ウ〕
（ア 付　イ 告　ウ 摘　エ 詰　オ 積）

31 金魚を水そうに**ハナ**した。〔イ〕
32 じっくり腹を割って**ハナ**そう。〔エ〕
33 幼い子から目を**ハナ**さない。〔ウ〕
（ア 鼻　イ 放　ウ 離　エ 話　オ 花）

同音・同訓異字 2

● 次の――線のカタカナにあてはまる漢字をそれぞれのア～オから選び、記号を（ ）に記入せよ。

1 タン念に作品を仕上げる。（エ）
2 ひもの両タンを結ぶ。（ア）
3 問題は簡タンに解決した。（オ）
（ア 端　イ 嘆　ウ 担　エ 丹　オ 単）

4 テストで実力を発キする。（ウ）
5 好キの目で見られる。（ア）
6 四キの移り変わりを楽しむ。（オ）
（ア 奇　イ 希　ウ 揮　エ 危　オ 季）

7 講習会にカイ勤した。（イ）
8 病人をカイ護する。（エ）
9 未カイの地へ足を踏み入れた。（ア）
（ア 開　イ 皆　ウ 戒　エ 介　オ 壊）

10 バクテリアが繁ショクする。（エ）
11 車どうしが接ショクした。（イ）
12 店内装ショクを一新した。（ア）
（ア 飾　イ 触　ウ 食　エ 殖　オ 植）

13 観衆の中からト息がもれた。（ア）
14 ト方もない大うそつきだ。（イ）
15 過ト期の現象に過ぎない。（エ）
（ア 吐　イ 途　ウ 都　エ 渡　オ 徒）

/33

16 シュウ作ぞろいの名画集だ。
17 冬の北海道をシュウ遊する。
18 何事にもシュウ着するたちだ。
（ア周　イ週　ウ秀　エ執　オ襲）
〔ウ〕〔ア〕〔エ〕

19 バラを交ハイさせて新種を作る。
20 初戦で苦ハイをなめた。
21 高校の後ハイが入社してきた。
（ア配　イ輩　ウ杯　エ俳　オ敗）
〔ア〕〔ウ〕〔イ〕

22 あれから五年のサイ月が流れた。
23 新聞の連サイ小説を読んでいる。
24 今春サイ用された新人だ。
（ア載　イ歳　ウ裁　エ採　オ彩）
〔イ〕〔ア〕〔エ〕

25 乾ソウ注意報が発表された。
26 幕あいに間ソウ曲が流れている。
27 五百年前にソウ建された寺だ。
（ア奏　イ層　ウ燥　エ送　オ創）
〔ウ〕〔ア〕〔オ〕

28 相手の意表をツく。
29 ランチにコーヒーがツいている。
30 希望の職業にツいた。
（ア着　イ付　ウ尽　エ突　オ就）
〔エ〕〔イ〕〔オ〕

31 スんだ笛の音が聞こえる。
32 不便なところでもスめば都だ。
33 支払いはもうスんだ。
（ア済　イ澄　ウ透　エ吸　オ住）
〔イ〕〔オ〕〔ア〕

同音・同訓異字 3

次の――線のカタカナにあてはまる漢字をそれぞれのア～オから選び、記号を〔　〕に記入せよ。

1 カン声を上げて喜び合った。〔エ〕
2 カン受性の豊かな人だ。〔ウ〕
3 受賞を祝ってカン杯する。〔オ〕
（ア官　イ観　ウ感　エ歓　オ乾）

4 果ホウは寝て待てという。〔エ〕
5 彼はホウ丸投げの選手だ。〔オ〕
6 幾多の問題をホウ含している。〔ア〕
（ア包　イ法　ウ方　エ報　オ砲）

7 新センな野菜を使って調理する。〔エ〕
8 セン水のある立派な庭園だ。〔オ〕
9 セン子は末広ともいう。〔ウ〕
（ア洗　イ占　ウ扇　エ鮮　オ泉）

10 犯人をひそかにビ行した。〔イ〕
11 ビ考欄に必要な事柄を書く。〔エ〕
12 整髪料のビ香が心地よい。〔オ〕
（ア鼻　イ尾　ウ美　エ備　オ微）

13 絶キョウして救いを求める。〔オ〕
14 不キョウを乗り越える。〔イ〕
15 勇気ある行動にキョウ嘆した。〔ウ〕
（ア恐　イ況　ウ驚　エ響　オ叫）

16 水のシン食作用は大きい。 〔ウ〕
17 成績不シンで悩むことはない。 〔オ〕
18 昔はシン炭がよく使われた。 〔イ〕
（ア進　イ薪　ウ浸　エ寝　オ振）

19 寺の宿ボウで一夜を明かした。 〔エ〕
20 脂ボウ分の少ない食事をとる。 〔ウ〕
21 外国からの電波をボウ受する。 〔オ〕
（ア冒　イ帽　ウ肪　エ坊　オ傍）

22 できるハン囲で対処する。 〔ウ〕
23 事務がハン雑を極めている。 〔エ〕
24 百貨店に商品をハン入する。 〔イ〕
（ア般　イ搬　ウ範　エ繁　オ販）

25 食品テン加物には注意しよう。 〔エ〕
26 なかなか機テンのきく人だ。 〔ア〕
27 強風のためテン火できない。 〔イ〕
（ア転　イ点　ウ天　エ添　オ典）

28 渡り鳥が北をサして飛び立つ。 〔ウ〕
29 夕方になり西日がサしてきた。 〔ア〕
30 寸鉄人をサす一言だ。 〔エ〕
（ア差　イ咲　ウ指　エ刺　オ去）

31 友だちの家にトめてもらった。 〔イ〕
32 車をトめて立ち話をした。 〔オ〕
33 心の奥に深くトめておく。 〔ウ〕
（ア閉　イ泊　ウ留　エ溶　オ止）

同音・同訓異字 4

次の——線のカタカナにあてはまる漢字をそれぞれのア～オから選び、記号を〔 〕に記入せよ。

1 橋にかかる**カ**重を測定する。〔エ〕
2 選手に**カ**重な期待をかけない。〔ア〕
3 負担が**カ**重されるのは困る。〔ウ〕
（ア過　イ仮　ウ加　エ荷　オ化）

4 自分の流**ギ**でやり抜く。〔エ〕
5 だれも異**ギ**を唱えなかった。〔オ〕
6 文学とは何かを定**ギ**づける。〔ウ〕
（ア疑　イ戯　ウ義　エ儀　オ議）

7 記者を海外に派**ケン**する。〔ウ〕
8 原則はあくまで**ケン**持したい。〔エ〕
9 まもなく暴風雨**ケン**に入る。〔ア〕
（ア圏　イ軒　ウ遣　エ堅　オ憲）

10 外見より**タイ**久力で選ぶ。〔ウ〕
11 連絡が来るまで**タイ**機する。〔イ〕
12 **タイ**度の悪い生徒をしかる。〔オ〕
（ア替　イ待　ウ耐　エ体　オ態）

13 **エン**故を頼って就職する。〔イ〕
14 味方の強力な**エン**護を受ける。〔オ〕
15 雨天の場合は順**エン**する。〔ウ〕
（ア遠　イ縁　ウ延　エ演　オ援）

／33

16 レイ書体で書かれた文を読む。 〔エ〕
17 樹レイ三百年に達する巨木だ。 〔ウ〕
18 雲間から秀レイな山容が現れた。 〔オ〕
（ア冷　イ礼　ウ齢　エ隷　オ麗）

19 友だちに家族をショウ介する。 〔ウ〕
20 在庫を製造元にショウ会する。 〔オ〕
21 天皇が国会をショウ集する。 〔ア〕
（ア召　イ招　ウ紹　エ昭　オ照）

22 天候の回フクを待つ。 〔イ〕
23 ついに最高峰を征フクした。 〔ア〕
24 友だちから祝フクを受ける。 〔オ〕
（ア服　イ復　ウ副　エ複　オ福）

25 シ外線は日焼けの原因となる。 〔ウ〕
26 栄養素の一つにシ肪がある。 〔オ〕
27 失敗がよいシ激になった。 〔ア〕
（ア刺　イ姿　ウ紫　エ飼　オ脂）

28 まいた種は自らカり取るべきだ。 〔ウ〕
29 弓を持って山へカりに出かける。 〔イ〕
30 急に不安にカられた。 〔オ〕
（ア借　イ狩　ウ刈　エ欠　オ駆）

31 弱小チームにカタ入れをする。 〔オ〕
32 社長のカタ腕となってがんばる。 〔イ〕
33 カタ破りの性格で通っている。 〔エ〕
（ア方　イ片　ウ形　エ型　オ肩）

漢字識別 1

/20

1 次の1～5の三つの□に**共通する漢字**を入れて**熟語**を作れ。漢字は**ア～コ**から選び、**記号**を（ ）に記入せよ。

1 行□・無□・□政 （カ）

2 猛□・□厳・□信 （コ）

3 精□・□意・□利 （ウ）

4 □楽・優□・□号 （キ）

5 □呼・交□・□迎 （エ）

ア 烈　イ 動　ウ 鋭　エ 歓　オ 事
カ 為　キ 雅　ク 趣　ケ 点　コ 威

2 次の1～5の三つの□に**共通する漢字**を入れて**熟語**を作れ。漢字は**ア～コ**から選び、**記号**を（ ）に記入せよ。

1 □得・乱□・捕□ （ク）

2 先□・□除・□使 （ア）

3 浮□・□着・□痛 （ケ）

4 希□・□幸・軽□ （ウ）

5 自□・規□・法□ （イ）

ア 駆　イ 律　ウ 薄　エ 定　オ 慢
カ 食　キ 途　ク 獲　ケ 沈　コ 調

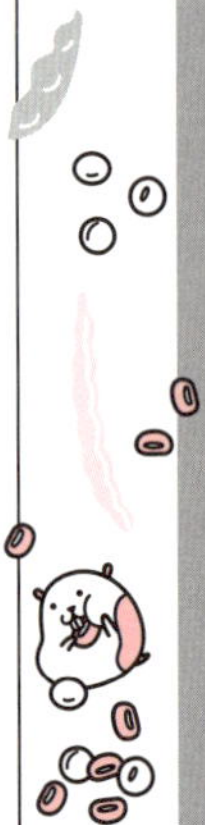

3 次の**1**～**5**の三つの□に**共通する漢字**を入れて**熟語**を作れ。漢字は**ア～コ**から選び、**記号**を（　）に記入せよ。

1 □折・座□・□手　（エ）

2 倒□・損□・破□　（カ）

3 □人・□妙・好□　（イ）

4 礼□・□式・行□　（コ）

5 事□・条□・□目　（オ）

ア 義	イ 奇	ウ 左	エ 右	オ 項
カ 壊	キ 状	ク 盗	ケ 件	コ 儀

4 次の**1**～**5**の三つの□に**共通する漢字**を入れて**熟語**を作れ。漢字は**ア～コ**から選び、**記号**を（　）に記入せよ。

1 □堂・貴□・神□　（オ）

2 □側・□故・無□　（ウ）

3 一□・□車・□手　（カ）

4 □境・□冬・□権　（ケ）

5 空□・□外・□干　（ア）

ア 欄	イ 国	ウ 縁	エ 気	オ 殿
カ 拍	キ 経	ク 片	ケ 越	コ 事

漢字識別 2

/20

1 次の**1**〜**5**の三つの□に**共通する漢字**を入れて**熟語**を作れ。漢字は**ア〜コ**から選び、**記号**を（　）に記入せよ。

1　□散・距□・遊□　（キ）

2　□志・健□・奮□　（エ）

3　指□・□要・□発　（イ）

4　手□・豪□・□力　（コ）

5　□勢・□悪・優□　（ア）

ア 劣	イ 摘	ウ 発	エ 闘	オ 速
カ 良	キ 離	ク 里	ケ 足	コ 腕

2 次の**1**〜**5**の三つの□に**共通する漢字**を入れて**熟語**を作れ。漢字は**ア〜コ**から選び、**記号**を（　）に記入せよ。

1　□才・非□・平□　（イ）

2　地□・□雨・落□　（エ）

3　□撃・□防・専□　（カ）

4　□出・吐□・雨□　（ク）

5　固□・□念・□筆　（コ）

ア 実	イ 凡	ウ 梅	エ 雷	オ 定
カ 攻	キ 出	ク 露	ケ 打	コ 執

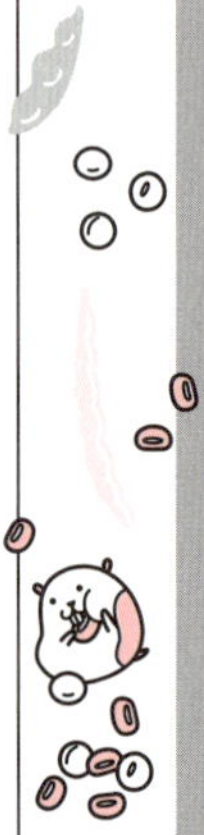

3 次の**1～5**の三つの□に**共通する漢字**を入れて熟語を作れ。漢字は**ア～コ**から選び、**記号**を（　）に記入せよ。

1 □細・□妙・機□　（カ）

2 □火・熱□・猛□　（ア）

3 □食・□室・就□　（ウ）

4 投□・陰□・□響　（ケ）

5 首□・□行・語□　（オ）

ア 烈	イ 密	ウ 寝	エ 間	オ 尾
カ 微	キ 和	ク 寸	ケ 影	コ 暑

4 次の**1～5**の三つの□に**共通する漢字**を入れて熟語を作れ。漢字は**ア～コ**から選び、**記号**を（　）に記入せよ。

1 □度・経□・北□　（ウ）

2 煙□・激□・□然　（ア）

3 利□・繁□・□産　（キ）

4 □作・夜□・□難　（ケ）

5 □出・先□・年□　（オ）

ア 突	イ 外	ウ 緯	エ 栄	オ 輩
カ 批	キ 殖	ク 済	ケ 盗	コ 苦

漢字識別 3

[1] 次の**1〜5**の三つの□に**共通する漢字**を入れて**熟語**を作れ。漢字は**ア〜コ**から選び、**記号**を（　）に記入せよ。

1 因□・□名・奇□　（ア）

2 □命・変□・□新　（イ）

3 □水・□木・線□　（カ）

4 風□・名□・□激　（ク）

5 □火・□水・□熱　（キ）

ア 襲　イ 革　ウ 水　エ 冷　オ 更
カ 香　キ 耐　ク 刺　ケ 縁　コ 噴

[2] 次の**1〜5**の三つの□に**共通する漢字**を入れて**熟語**を作れ。漢字は**ア〜コ**から選び、**記号**を（　）に記入せよ。

1 応□・□助・声□　（カ）

2 □大・英□・□弁　（イ）

3 警□・□律・訓□　（エ）

4 □入・魚□・紹□　（ク）

5 中□・□続・□承　（コ）

ア 経　イ 雄　ウ 報　エ 戒　オ 答
カ 援　キ 買　ク 介　ケ 強　コ 継

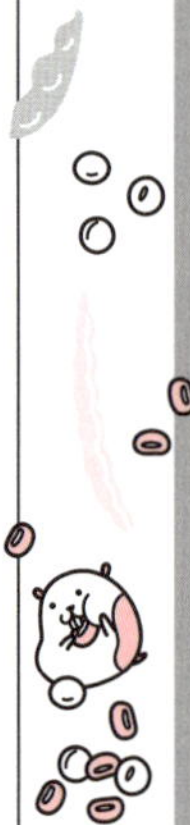

/20

3 次の1〜5の三つの□に共通する漢字を入れて熟語を作れ。漢字はア〜コから選び、記号を（　）に記入せよ。

1 気□・□真・□害（オ）
2 □反・相□・□約（コ）
3 □名・□損・□職（ウ）
4 未□・□査・雑□（ア）
5 苦□・熟□・配□（ク）

ア 踏　イ 危　ウ 汚　エ 防　オ 迫
カ 異　キ 欠　ク 慮　ケ 夜　コ 違

4 次の1〜5の三つの□に共通する漢字を入れて熟語を作れ。漢字はア〜コから選び、記号を（　）に記入せよ。

1 □勤・□様・□無（イ）
2 □星・疑□・迷□（カ）
3 医□・□養・治□（ク）
4 活□・□起・進□（オ）
5 暗□・□読・□認（ア）

ア 黙　イ 皆　ウ 復　エ 心　オ 躍
カ 惑　キ 法　ク 療　ケ 出　コ 動

漢字識別 4

/20

1 次の1～5の三つの□に**共通する漢字**を入れて**熟語**を作れ。漢字は**ア～コ**から選び、**記号**を（ ）に記入せよ。

1 □心・自□・高□ （コ）

2 □測・記□・追□ （オ）

3 信□・依□・無□ （ア）

4 □様・指□・波□ （キ）

5 □忙・□雑・□栄 （カ）

ア 頼　イ 信　ウ 指　エ 念　オ 憶
カ 繁　キ 紋　ク 録　ケ 光　コ 慢

2 次の1～5の三つの□に**共通する漢字**を入れて**熟語**を作れ。漢字は**ア～コ**から選び、**記号**を（ ）に記入せよ。

1 □道・店□・本□ （カ）

2 路□・□系・□受 （ウ）

3 給□・贈□・□党 （オ）

4 近□・□接・□人 （ク）

5 □曲・民□・童□ （ア）

ア 謡　イ 人　ウ 傍　エ 線　オ 与
カ 舗　キ 付　ク 隣　ケ 間　コ 歌

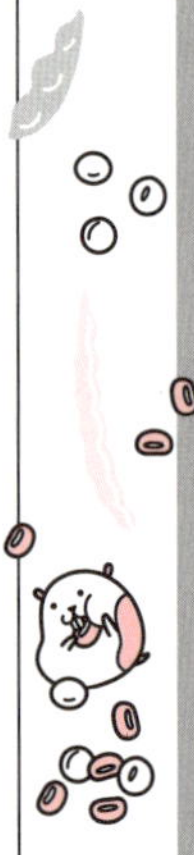

3 次の**1**〜**5**の三つの□に**共通する漢字**を入れて**熟語**を作れ。漢字は**ア**〜**コ**から選び、**記号**を（　）に記入せよ。

1 絶□・□画・□土（エ）

2 鉄□・□丸・□火（カ）

3 □氷・煙□・濃□（ク）

4 □火・自□・□射（イ）

5 安□・永□・冬□（コ）

ア 好　イ 噴　ウ 猛　エ 壁　オ 場
カ 砲　キ 望　ク 霧　ケ 薄　コ 眠

4 次の**1**〜**5**の三つの□に**共通する漢字**を入れて**熟語**を作れ。漢字は**ア**〜**コ**から選び、**記号**を（　）に記入せよ。

1 □員・振□・全□（オ）

2 感□・□頭・□険（ア）

3 □進・□密・不□（キ）

4 解□・□放・注□（ケ）

5 □売・□路・市□（ウ）

ア 冒　イ 買　ウ 販　エ 会　オ 幅
カ 決　キ 精　ク 心　ケ 釈　コ 発

漢字識別 5

/20

1 次の1～5の三つの□に共通する漢字を入れて熟語を作れ。漢字はア～コから選び、記号を（　）に記入せよ。

1 □腕・□感・鋭□ （ウ）

2 乱□・□台・□踊 （キ）

3 冷□・□水・枯□ （ケ）

4 □入・指□・伝□ （ア）

5 □本・開□・魚□ （オ）

ア 導	イ 令	ウ 敏	エ 山	オ 拓
カ 義	キ 舞	ク 介	ケ 淡	コ 表

2 次の1～5の三つの□に共通する漢字を入れて熟語を作れ。漢字はア～コから選び、記号を（　）に記入せよ。

1 □点・清□・□音 （キ）

2 □線・□面・傾□ （コ）

3 連□・□録・記□ （イ）

4 選□・奇□・□群 （オ）

5 □査・□禁・□修 （カ）

ア 難	イ 載	ウ 倒	エ 別	オ 抜
カ 監	キ 濁	ク 手	ケ 才	コ 斜

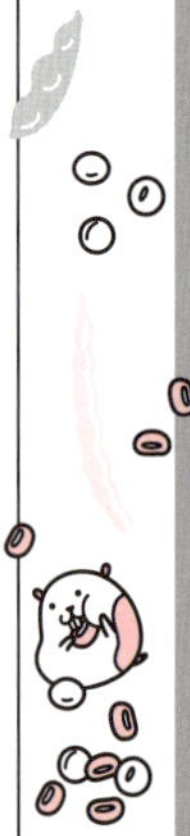

3 次の1～5の三つの□に**共通する漢字**を入れて**熟語**を作れ。漢字は**ア～コ**から選び、**記号**を（　）に記入せよ。

1 □風・□発・□破　（ケ）
2 散□・□然・□画　（ウ）
3 □本・失□・□色　（キ）
4 □礼・□視・一□　（オ）
5 樹□・□肪・脱□　（ア）

ア 脂　イ 順　ウ 漫　エ 敗　オ 巡
カ 液　キ 脚　ク 失　ケ 爆　コ 暴

4 次の1～5の三つの□に**共通する漢字**を入れて**熟語**を作れ。漢字は**ア～コ**から選び、**記号**を（　）に記入せよ。

1 □敗・□食・防□　（ク）
2 状□・□度・事□　（ア）
3 野□・□医・猛□　（オ）
4 感□・□願・悲□　（キ）
5 □送・運□・□入　（ウ）

ア 態　イ 無　ウ 搬　エ 人　オ 獣
カ 念　キ 嘆　ク 腐　ケ 体　コ 般

熟語の構成 1

/60

熟語の構成のしかたには次のようなものがある。

ア　同じような意味の漢字を重ねたもの　（**岩石**）

イ　反対または対応の意味を表す字を重ねたもの　（**高低**）

ウ　上の字が下の字を修飾しているもの　（**洋画**）

エ　下の字が上の字の目的語・補語になっているもの　（**着席**）

オ　主語と述語の関係にあるもの　（**国立**）

カ　上の字が下の字の意味を打ち消しているもの　（**非常**）

次の**熟語**は右の**ア～カ**のどれにあたるか、**一つ**選び、**記号**を（　）の中に記せ。

1　歌謡　（ア）

2　未踏　（カ）

3　徴税　（エ）

4　攻守　（イ）

5　弾力　（ウ）

6　禁煙　（エ）

7　国有　（オ）

8　勤務　（ア）

9　繁茂　（ア）

10　貧富　（イ）

11　添加　（ア）

12　脱衣　（エ）

13　新婚　（ウ）

14　町営　（オ）

15　去就　（イ）

16　単独　（ア）

17　即答　（ウ）

18　寝具　（ウ）

19　提案　（エ）

20　断続　（イ）

21 不朽（カ）
22 舞踊（ア）
23 雄姿（ウ）
24 吹奏（ウ）
25 自他（イ）
26 曇天（ウ）
27 耐熱（エ）
28 天覧（オ）
29 別離（ア）
30 病床（ウ）

31 荒野（ウ）
32 未詳（カ）
33 脱皮（エ）
34 思慮（ア）
35 増減（イ）
36 納税（エ）
37 鮮血（ウ）
38 光輝（ア）
39 得失（イ）
40 甘言（ウ）

41 溶解（ア）
42 護身（エ）
43 闘志（ウ）
44 迷惑（ア）
45 安危（イ）
46 過誤（ア）
47 冒険（エ）
48 波紋（ウ）
49 恩恵（ア）
50 不詳（カ）

51 依頼（ア）
52 断念（エ）
53 首尾（イ）
54 加減（イ）
55 天授（オ）
56 秘宝（ウ）
57 示威（エ）
58 違法（エ）
59 屈指（エ）
60 鋭敏（ア）

熟語の構成 2

/60

●**熟語の構成**のしかたには次のようなものがある。

ア　同じような意味の漢字を重ねたもの　（**岩石**）
イ　反対または対応の意味を表す字を重ねたもの　（**高低**）
ウ　上の字が下の字を修飾しているもの　（**洋画**）
エ　下の字が上の字の目的語・補語になっているもの　（**着席**）
オ　主語と述語の関係にあるもの　（**国立**）
カ　上の字が下の字の意味を打ち消しているもの　（**非常**）

次の**熟語**は右の**ア～カ**のどれにあたるか、**一つ**選び、**記号**を（　）の中に記せ。

1 派遣（ア）
2 執筆（エ）
3 安眠（ウ）
4 堅固（ア）
5 未婚（カ）
6 年長（オ）
7 着脱（イ）
8 握手（エ）
9 鉄塔（ウ）
10 遅速（イ）

11 即決（ウ）
12 授受（イ）
13 恐怖（ア）
14 国営（オ）
15 清濁（イ）
16 偉人（ウ）
17 求職（エ）
18 不当（カ）
19 援助（ア）
20 抜群（エ）

21 陰陽 （イ）
22 珍奇 （ア）
23 円陣 （ウ）
24 不振 （カ）
25 白髪 （ウ）
26 追跡 （エ）
27 詳細 （ア）
28 有無 （イ）
29 仮眠 （ウ）
30 調髪 （エ）

31 雷鳴 （オ）
32 捕球 （エ）
33 需給 （イ）
34 戦況 （ウ）
35 強豪 （ア）
36 新鮮 （ア）
37 互助 （ウ）
38 詳報 （ウ）
39 贈答 （イ）
40 耐震 （エ）

41 抜歯 （エ）
42 師弟 （イ）
43 遊戯 （ア）
44 不屈 （カ）
45 遠征 （ウ）
46 巨大 （ア）
47 雅俗 （イ）
48 寸暇 （ウ）
49 越境 （エ）
50 乾燥 （ア）

51 遅刻 （エ）
52 継承 （ア）
53 失策 （エ）
54 執務 （エ）
55 避暑 （エ）
56 再会 （ウ）
57 予告 （ウ）
58 去来 （イ）
59 国立 （オ）
60 到達 （ア）

熟語の構成 3

/60

●**熟語の構成**のしかたには次のようなものがある。

ア 同じような意味の漢字を重ねたもの（**岩石**）
イ 反対または対応の意味を表す字を重ねたもの（**高低**）
ウ 上の字が下の字を修飾しているもの（**洋画**）
エ 下の字が上の字の目的語・補語になっているもの（**着席**）
オ 主語と述語の関係にあるもの（**国立**）
カ 上の字が下の字の意味を打ち消しているもの（**非常**）

次の**熟語**は右の**ア～カ**のどれにあたるか、**一つ**選び、**記号**を（ ）の中に記せ。

1 永眠（ウ）
2 送迎（イ）
3 濁流（ウ）
4 浮沈（イ）
5 比較（ア）
6 退陣（エ）
7 希薄（ア）
8 寝台（ウ）
9 濃淡（イ）
10 兼任（エ）

11 恒常（ア）
12 離陸（エ）
13 経緯（イ）
14 雌雄（イ）
15 闘士（ウ）
16 休暇（ア）
17 珍事（ウ）
18 未到（カ）
19 寄贈（ア）
20 不慮（カ）

21 汚濁（ア）
22 発汗（エ）
23 栄枯（イ）
24 人造（オ）
25 処罰（エ）
26 不惑（カ）
27 仰天（エ）
28 破壊（ア）
29 前途（ウ）
30 秀峰（ウ）

31 未完（カ）
32 蓄積（ア）
33 気絶（オ）
34 樹齢（ウ）
35 跳躍（ア）
36 装飾（ア）
37 拍手（エ）
38 違反（ア）
39 詳述（ウ）
40 攻防（イ）

41 賞罰（イ）
42 握力（ウ）
43 斜線（ウ）
44 鎖国（エ）
45 避難（エ）
46 是非（イ）
47 貯蓄（ア）
48 朗報（ウ）
49 喜怒（イ）
50 脱帽（エ）

51 耐火（エ）
52 販売（ア）
53 早熟（ウ）
54 獲得（ア）
55 利害（イ）
56 開拓（ア）
57 離合（イ）
58 公立（オ）
59 更衣（エ）
60 瞬時（ウ）

部首 1

次の漢字の**部首**を**ア〜エ**から選び、**記号**を〔　〕に記入せよ。

1 務 （ア 矛　イ 夂　ウ 力　エ 刀）〔ウ〕

2 戦 （ア ⺍　イ 戈　ウ 田　エ 弋）〔イ〕

3 覧 （ア 儿　イ 目　ウ 臣　エ 見）〔エ〕

4 段 （ア ノ　イ ｜　ウ 又　エ 殳）〔エ〕

5 噴 （ア 口　イ 十　ウ 艹　エ 貝）〔ア〕

6 帽 （ア 巾　イ 日　ウ 曰　エ 目）〔ア〕

7 盆 （ア 八　イ 人　ウ 刀　エ 皿）〔エ〕

8 扇 （ア 尸　イ 一　ウ 戸　エ 羽）〔ウ〕

9 脚 （ア 土　イ 厶　ウ 月　エ 卩）〔ウ〕

10 率 （ア 十　イ 玄　ウ 幺　エ 亠）〔イ〕

11 載 （ア 戈　イ 車　ウ 土　エ 弋）〔イ〕

12 誉 （ア ⺍　イ 一　ウ 八　エ 言）〔エ〕

13 戯 （ア 戈　イ 弋　ウ ノ　エ 虍）〔ア〕

14 襲 （ア 立　イ 月　ウ 衣　エ 竜）〔ウ〕

15 微 （ア 山　イ 彳　ウ 夂　エ 儿）〔イ〕

16 壁 （ア 土　イ 立　ウ 尸　エ 口）〔ア〕

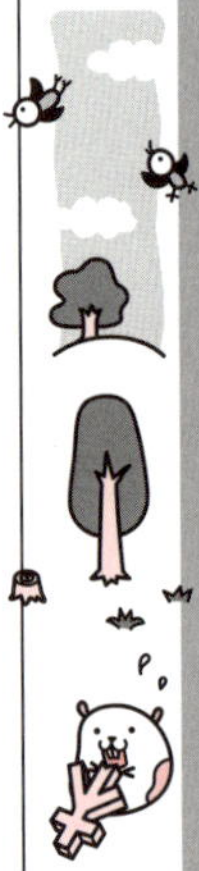

／36

17 疑（ア 匕　イ 矢　ウ 人　エ 疋）〔エ〕

18 夢（ア 艹　イ 夕　ウ 罒　エ 冖）〔イ〕

19 殿（ア 尸　イ 几　ウ 又　エ 殳）〔エ〕

20 劇（ア 刂　イ 厂　ウ 豕　エ 虍）〔ア〕

21 豪（ア 冖　イ 口　ウ 亠　エ 豕）〔エ〕

22 御（ア 止　イ 卩　ウ 彳　エ 缶）〔ウ〕

23 齢（ア 歯　イ 止　ウ 米　エ 𠆢）〔ア〕

24 舗（ア 𠆢　イ 舌　ウ 口　エ 用）〔イ〕

25 隷（ア 士　イ 小　ウ 隶　エ 示）〔ウ〕

26 警（ア 艹　イ 勹　ウ 攵　エ 言）〔エ〕

27 裏（ア 亠　イ 田　ウ 衣　エ 里）〔ウ〕

28 幕（ア 艹　イ 巾　ウ 大　エ 日）〔イ〕

29 威（ア 戈　イ 厂　ウ 女　エ 一）〔ウ〕

30 執（ア 土　イ 干　ウ 丶　エ 乙）〔ア〕

31 舞（ア 夕　イ 十　ウ 二　エ 舛）〔エ〕

32 為（ア 灬　イ ノ　ウ 丶　エ 勹）〔ア〕

33 慮（ア 田　イ 心　ウ 虍　エ 一）〔イ〕

34 厳（ア 厂　イ 攵　ウ 耳　エ ⺍）〔エ〕

35 歳（ア 小　イ 戈　ウ 止　エ 厂）〔ウ〕

36 撃（ア 手　イ 車　ウ 殳　エ 又）〔ア〕

部首

部首 2

●次の漢字の**部首**をア〜エから選び、**記号**を〔 〕に記入せよ。

1 珍 （ア 土　イ 王　ウ 人　エ 彡） 〔イ〕
2 顔 （ア 彡　イ 立　ウ 頁　エ 亠） 〔ウ〕
3 惑 （ア 戈　イ 口　ウ 心　エ 一） 〔ウ〕
4 弐 （ア 弋　イ 二　ウ 一　エ 冫） 〔ア〕
5 曇 （ア 日　イ ⻗　ウ 二　エ 厶） 〔ア〕
6 帰 （ア 刂　イ 冖　ウ 巾　エ 一） 〔ウ〕
7 盤 （ア 舟　イ 皿　ウ 殳　エ 几） 〔イ〕

8 臓 （ア 月　イ 臣　ウ 艹　エ 戈） 〔ア〕
9 青 （ア 一　イ 土　ウ 月　エ 青） 〔エ〕
10 奥 （ア 大　イ ノ　ウ 冂　エ 米） 〔ア〕
11 裁 （ア 丶　イ 戈　ウ 衣　エ 土） 〔ウ〕
12 響 （ア 幺　イ 音　ウ 阝　エ 艮） 〔イ〕
13 薄 （ア 寸　イ 艹　ウ 氵　エ 丶） 〔イ〕
14 暮 （ア 日　イ 艹　ウ 八　エ 一） 〔ア〕
15 穀 （ア 殳　イ 士　ウ 禾　エ 冖） 〔ウ〕
16 垂 （ア ノ　イ 一　ウ 十　エ 土） 〔エ〕

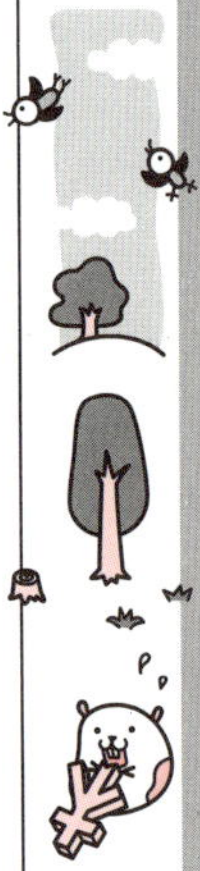

／36

17 壱（ア 十　イ 士　ウ 冖　エ ヒ）〔イ〕

18 術（ア 小　イ 彳　ウ 行　エ 十）〔ウ〕

19 畳（ア 日　イ 田　ウ 冖　エ 目）〔イ〕

20 黙（ア 里　イ 黒　ウ 犬　エ 灬）〔イ〕

21 趣（ア 土　イ 走　ウ 耳　エ 又）〔イ〕

22 彩（ア 爫　イ ノ　ウ 木　エ 彡）〔エ〕

23 獲（ア 犭　イ 艹　ウ 隹　エ 又）〔ア〕

24 致（ア 攵　イ 至　ウ 二　エ 土）〔イ〕

25 麦（ア 麦　イ 王　ウ 夂　エ 丨）〔ア〕

26 善（ア 一　イ 羊　ウ 口　エ 王）〔ウ〕

27 瞬（ア 目　イ 爫　ウ 冖　エ 舛）〔ア〕

28 避（ア 辛　イ 尸　ウ 辶　エ 口）〔ウ〕

29 食（ア 丶　イ 食　ウ 良　エ 人）〔イ〕

30 霧（ア 雨　イ 矛　ウ 攵　エ 力）〔ア〕

31 雄（ア ノ　イ 厶　ウ 隹　エ 亻）〔ウ〕

32 蒸（ア 灬　イ 水　ウ 艹　エ 子）〔ウ〕

33 整（ア 攵　イ 止　ウ 一　エ 木）〔ア〕

34 獣（ア ⺍　イ 田　ウ 口　エ 犬）〔エ〕

35 幾（ア 幺　イ 人　ウ 戈　エ 糸）〔ア〕

36 尾（ア ノ　イ 厂　ウ 尸　エ 毛）〔ウ〕

次の漢字の**部首**を**ア〜エ**から選び、**記号**を〔　〕に記入せよ。

1 束（ア 一　イ 十　ウ 木　エ 口）〔ウ〕
2 壊（ア 土　イ 十　ウ 罒　エ 衣）〔ア〕
3 養（ア 𠆢　イ 艮　ウ 羊　エ 食）〔エ〕
4 傾（ア 匕　イ 亻　ウ 頁　エ 八）〔イ〕
5 煮（ア 土　イ 耂　ウ 灬　エ 日）〔ウ〕
6 寂（ア 宀　イ 又　ウ 卜　エ 小）〔ア〕
7 鬼（ア ノ　イ 儿　ウ ム　エ 鬼）〔エ〕

8 奮（ア 人　イ 大　ウ 隹　エ 田）〔イ〕
9 憲（ア 罒　イ 宀　ウ 心　エ 王）〔ウ〕
10 量（ア 曰　イ 里　ウ 日　エ 一）〔イ〕
11 麗（ア 一　イ 广　ウ 鹿　エ 匕）〔ウ〕
12 党（ア ⺍　イ 冖　ウ 口　エ 儿）〔エ〕
13 尋（ア 寸　イ 工　ウ 口　エ 十）〔ア〕
14 舌（ア ノ　イ 十　ウ 口　エ 舌）〔エ〕
15 望（ア 亠　イ 月　ウ 王　エ 土）〔イ〕
16 器（ア 一　イ 人　ウ 大　エ 口）〔エ〕

17 翼（ア 羽　イ 田　ウ 二　エ 八）【ア】

18 重（ア 丨　イ 曰　ウ 里　エ 土）【ウ】

19 兼（ア 八　イ 十　ウ 一　エ 刂）【ア】

20 乾（ア 十　イ 日　ウ 乙　エ 巳）【ウ】

21 敷（ア 十　イ 日　ウ 方　エ 攵）【エ】

22 影（ア 日　イ 亠　ウ 彡　エ 小）【ウ】

23 暦（ア 一　イ 厂　ウ 木　エ 日）【エ】

24 含（ア 𠆢　イ 口　ウ 入　エ 二）【イ】

25 酒（ア 氵　イ 口　ウ 西　エ 酉）【エ】

26 却（ア 卩　イ 十　ウ 土　エ 厶）【ア】

27 参（ア 彡　イ 厶　ウ 大　エ 人）【イ】

28 南（ア 一　イ 十　ウ 冂　エ 羊）【イ】

29 療（ア 小　イ 日　ウ 大　エ 疒）【エ】

30 罰（ア 刂　イ 口　ウ 罒　エ 言）【ウ】

31 輝（ア 冖　イ 儿　ウ 小　エ 車）【エ】

32 監（ア 臣　イ 皿　ウ 匚　エ 罒）【イ】

33 師（ア 巾　イ 丿　ウ 丨　エ 一）【ア】

34 繁（ア 攵　イ 入　ウ 糸　エ 母）【ウ】

35 腐（ア 广　イ 亻　ウ 寸　エ 肉）【エ】

36 離（ア 亠　イ 厶　ウ 冂　エ 隹）【エ】

部首 4

●次の漢字の**部首**を**ア～エ**から選び、**記号**を〔 〕に記入せよ。

1 隠（ア 阝　イ ノ　ウ 爫　エ 心）〔ア〕

2 幹（ア 十　イ 日　ウ 人　エ 干）〔エ〕

3 革（ア 艹　イ 干　ウ 革　エ 十）〔ウ〕

4 騒（ア 馬　イ 灬　ウ 又　エ 虫）〔ア〕

5 吐（ア 口　イ 土　ウ 二　エ 十）〔ア〕

6 堅（ア 匚　イ 臣　ウ 土　エ 又）〔ウ〕

7 徴（ア 彳　イ 山　ウ 王　エ 攵）〔ア〕

8 寝（ア 宀　イ 丨　ウ 冖　エ 又）〔ア〕

9 将（ア 丨　イ ノ　ウ 寸　エ 爫）〔ウ〕

10 蓄（ア 田　イ 亠　ウ 幺　エ 艹）〔エ〕

11 報（ア 丨　イ 又　ウ 土　エ 幸）〔ウ〕

12 並（ア 一　イ 二　ウ 丨　エ 八）〔ア〕

13 箇（ア ⺮　イ 囗　ウ 十　エ 口）〔ア〕

14 聖（ア 口　イ 耳　ウ 王　エ 土）〔イ〕

15 勧（ア 矢　イ 一　ウ 隹　エ 力）〔エ〕

16 驚（ア 艹　イ 攵　ウ 馬　エ 灬）〔ウ〕

／36

17 産（ア亠　イ厂　ウ生　エ立）〔ウ〕

18 烈（ア一　イ灬　ウ刂　エ歹）〔イ〕

19 替（ア曰　イ二　ウ人　エ大）〔ア〕

20 釈（アノ　イ米　ウ釆　エ尸）〔ウ〕

21 紫（ア止　イ匕　ウ幺　エ糸）〔エ〕

22 贈（ア目　イ貝　ウ田　エ日）〔イ〕

23 項（ア工　イ一　ウ貝　エ頁）〔エ〕

24 井（ア一　イ二　ウノ　エ十）〔イ〕

25 競（ア亠　イ立　ウ口　エ儿）〔イ〕

26 疲（ア冫　イ广　ウ疒　エ皮）〔ウ〕

27 矛（ア亅　イノ　ウ丶　エ矛）〔エ〕

28 覚（ア⺍　イ冖　ウ見　エ儿）〔ウ〕

29 倒（ア亻　イ土　ウ刂　エ至）〔ア〕

30 歴（ア卜　イ木　ウ止　エ厂）〔ウ〕

31 薪（ア艹　イ立　ウ斤　エ木）〔ア〕

32 賦（ア弋　イ止　ウ貝　エ二）〔ウ〕

33 凡（アノ　イ几　ウ乚　エ丶）〔イ〕

34 奇（ア口　イ大　ウ亅　エ一）〔イ〕

35 膚（ア广　イ虍　ウ田　エ肉）〔エ〕

36 窓（ア宀　イ厶　ウ穴　エ心）〔ウ〕

対義語・類義語 1

/36

1 次の［　］内に入る適切な語を、後の□の中から選んで漢字に直して記入し、**対義語・類義語**を作れ。

対義語

1 直面―［逃］避
2 厳冬―［盛］夏
3 優良―［劣］悪
4 独立―［依］存

類義語

5 輸送―運［搬］
6 長者―富［豪］
7 入手―獲［得］
8 大樹―［巨］木

い・きょ・ごう・せい・とう・とく・ぱん・れつ

2 次の［　］内に入る適切な語を、後の□の中から選んで漢字に直して記入し、**対義語・類義語**を作れ。

対義語

1 病弱―［丈］夫
2 困難―［容］易
3 利益―損［失］
4 全休―［皆］勤

類義語

5 将来―前［途］
6 近隣―周［辺］
7 看過―［黙］認
8 冷静―［沈］着

かい・しつ・じょう・ちん・と・へん・もく・よう

3 次の［　］内に入る適切な語を、後の□の中から選んで漢字に直して記入し、**対義語・類義語**を作れ。

対義語

1 正統―［異］端
2 誕生―永［眠］
3 質疑―［応］答
4 受理―［却］下
5 定例―［臨］時

類義語

6 根底―基［盤］
7 反撃―逆［襲］
8 風潮―［傾］向
9 用心―警［戒］
10 貯蔵―備［蓄］

い・おう・かい・きゃっ・けい・しゅう・ちく・ばん・みん・りん

4 次の［　］内に入る適切な語を、後の□の中から選んで漢字に直して記入し、**対義語・類義語**を作れ。

対義語

1 結合―分［離］
2 歓喜―悲［嘆］
3 中断―［継］続
4 服従―抵［抗］
5 減少―［増］加

類義語

6 地道―［堅］実
7 最高―［至］上
8 任務―使［命］
9 弁解―［釈］明
10 功績―手［柄］

がら・けい・けん・こう・し・しゃく・ぞう・たん・めい・り

対義語・類義語 2

/36

1 次の［　］内に入る適切な語を、後の□の中から選んで漢字に直して記入し、**対義語・類義語**を作れ。

対義語

1 許可―［禁］止
2 歓喜―苦［悩］
3 原則―［例］外
4 多大―軽［微］

類義語

5 永遠―［恒］久
6 対等―［互］角
7 看護―［介］抱
8 分別―思［慮］

きん・かい・こう・ご・のう・び・りょ・れい

2 次の［　］内に入る適切な語を、後の□の中から選んで漢字に直して記入し、**対義語・類義語**を作れ。

対義語

1 憶測―［確］信
2 簡略―［繁］雑
3 就寝―起［床］
4 希薄―［濃］密

類義語

5 細心―［丹］念
6 時流―風［潮］
7 追加―［補］足
8 失神―卒［倒］

かく・しょう・たん・ちょう・とう・のう・はん・ほ

3 次の［　］内に入る適切な語を、後の□の中から選んで漢字に直して記入し、**対義語・類義語**を作れ。

対義語

1 遠方―近［隣］
2 納入―［徴］収
3 難解―平［易］
4 黙秘―自［白］
5 借用―返［却］

類義語

6 理由―根［拠］
7 重荷―負［担］
8 道楽―［趣］味
9 閉口―困［惑］
10 最初―冒［頭］

い・きゃく・きょ・しゅ・たん・ちょう・とう・はく・りん・わく

4 次の［　］内に入る適切な語を、後の□の中から選んで漢字に直して記入し、**対義語・類義語**を作れ。

対義語

1 古豪―新［鋭］
2 厳寒―猛［暑］
3 倍加―半［減］
4 供給―［需］要
5 好調―不［振］

類義語

6 本気―真［剣］
7 価格―［値］段
8 中断―［途］絶
9 踏襲―［継］承
10 技量―手［腕］

えい・けい・けん・げん・じゅ・しょ・しん・と・ね・わん

対義語・類義語 3

/36

1 次の［　］内に入る適切な語を、後の□の中から選んで漢字に直して記入し、**対義語・類義語**を作れ。

対義語

1 公益—［私］利

2 険悪—［柔］和

3 大敗—［圧］勝

4 受領—授［与］

類義語

5 確保—［堅］持

6 退散—［逃］亡

7 専有—独［占］

8 推量—［憶］測

あっ・おく・けん・し・せん・とう・にゅう・よ

2 次の［　］内に入る適切な語を、後の□の中から選んで漢字に直して記入し、**対義語・類義語**を作れ。

対義語

1 否認—［是］認

2 単純—複［雑］

3 縮小—［拡］大

4 先頭—後［尾］

類義語

5 身長—背［丈］

6 冷淡—［薄］情

7 対照—比［較］

8 努力—奮［闘］

かく・かく・ざつ・ぜ・たけ・とう・はく・び

3 次の［　］内に入る適切な語を、後の□の中から選んで漢字に直して記入し、**対義語・類義語**を作れ。

対義語

1 豊作―［凶］作
2 慎重―軽［率］
3 決定―保［留］
4 継続―中［止］
5 革新―保［守］

類義語

6 奇抜―［突］飛
7 合格―［及］第
8 感心―敬［服］
9 散歩―散［策］
10 永眠―［他］界

きゅう・きょう・さく・し・しゅ・そつ・た・とっ・ふく・りゅう

4 次の［　］内に入る適切な語を、後の□の中から選んで漢字に直して記入し、**対義語・類義語**を作れ。

対義語

1 清流―［濁］流
2 大略―［詳］細
3 歳末―年［始］
4 故意―［過］失
5 鋭敏―［鈍］重

類義語

6 同等―［匹］敵
7 土手―［堤］防
8 看病―介［護］
9 親類―［縁］者
10 腹心―片［腕］

うで・えん・か・ご・し・しょう・だく・てい・どん・ひっ

対義語・類義語 4

/36

1 次の〔　〕内に入る適切な語を、後の□の中から選んで漢字に直して記入し、**対義語・類義語**を作れ。

対義語

1 脱退―加〔盟〕
2 巨大―〔微〕細
3 逃亡―追〔跡〕
4 和合―〔闘〕争

類義語

5 守備―防〔御〕
6 下品―下〔劣〕
7 思案―考〔慮〕
8 栄光―名〔誉〕

ぎょ・せき・とう・び・めい・よ・りょ・れつ

2 次の〔　〕内に入る適切な語を、後の□の中から選んで漢字に直して記入し、**対義語・類義語**を作れ。

対義語

1 高給―〔薄〕給
2 除外―包〔含〕
3 任意―強〔制〕
4 混濁―〔透〕明

類義語

5 尊大―高〔慢〕
6 敗走―退〔却〕
7 抜群―非〔凡〕
8 容易―〔簡〕単

かん・がん・きゃく・せい・とう・はっ・ぼん・まん

3 次の［　］内に入る適切な語を、後の［　］の中から選んで漢字に直して記入し、**対義語・類義語**を作れ。

対義語

1 減退―［増］進
2 水平―［垂］直
3 高雅―低［俗］
4 寒冷―温［暖］
5 流動―［固］定

類義語

6 失業―［離］職
7 悪評―［汚］名
8 道端―路［傍］
9 繁栄―盛［況］
10 介入―関［与］

お・きょう・こ・すい・ぞう・ぞく・だん・ぼう・よ・り

4 次の［　］内に入る適切な語を、後の［　］の中から選んで漢字に直して記入し、**対義語・類義語**を作れ。

対義語

1 専業―［兼］業
2 遅鈍―［敏］速
3 短縮―［延］長
4 沈殿―［浮］遊
5 客席―［舞］台

類義語

6 永遠―不［朽］
7 可否―［是］非
8 綿密―周［到］
9 留守―不［在］
10 同意―［賛］成

えん・きゅう・けん・ざい・さん・ぜ・とう・びん・ふ・ぶ

対義語・類義語 5

1 次の［　］内に入る適切な語を、後の□の中から選んで漢字に直して記入し、**対義語・類義語**を作れ。

対義語

1 着工—［落］成
2 供述—［黙］秘
3 介入—［傍］観
4 在宅—［留］守

類義語

5 善戦—健［闘］
6 混雑—雑［踏］
7 快活—明［朗］
8 興奮—熱［狂］

きょう・とう・とう・ぼう・もく・らく・る・ろう

2 次の［　］内に入る適切な語を、後の□の中から選んで漢字に直して記入し、**対義語・類義語**を作れ。

対義語

1 温和—乱［暴］
2 加熱—冷［却］
3 地味—［派］手
4 支配—［隷］属

類義語

5 土台—基［盤］
6 回想—追［憶］
7 多忙—［繁］忙
8 改定—変［更］

おく・きゃく・こう・は・はん・ばん・ぼう・れい

3 次の［　］内に入る適切な語を、後の□の中から選んで漢字に直して記入し、**対義語・類義語**を作れ。

対義語

1 開放—閉［鎖］
2 自然—人［為］
3 加入—［脱］退
4 建設—破［壊］
5 相違—一［致］

類義語

6 許可—承［認］
7 加勢—応［援］
8 内心—［胸］中
9 皮肉—風［刺］
10 不意—［突］然

い・えん・かい・きょう・さ・し・だっ・ち・とつ・にん

4 次の［　］内に入る適切な語を、後の□の中から選んで漢字に直して記入し、**対義語・類義語**を作れ。

対義語

1 直面—回［避］
2 末尾—［冒］頭
3 出発—［到］着
4 結成—［解］散
5 相対—［絶］対

類義語

6 再生—復［活］
7 苦労—難［儀］
8 丈夫—健［康］
9 平素—日［常］
10 技量—［腕］前

うで・かい・かつ・ぎ・こう・じょう・ぜっ・とう・ひ・ぼう

漢字と送りがな 1

●次の――線のカタカナの部分を漢字と送りがな（ひらがな）に直して（　）の中に記せ。

〈例〉問題にコタエル。（答える）

1 私の母校は今年で創立五十周年をムカエル。（迎える）

2 三月になってようやく寒さがウスライだ。（薄らい）

3 反省の色が少しもないのは実にナゲカワシイことだ。（嘆かわしい）

4 写真と記事を新聞にノセル。（載せる）

5 親にいつまでもアマエていてはいけない。（甘え）

6 豆がニエルまでいすに座ってしばらく待つ。（煮える）

7 競技会の鉄棒でアザヤカニ着地を決めた。（鮮やかに）

8 両者が互いに理解し合って共存することがノゾマシイ。（望ましい）

9 無理な主張をシリゾケルために策を練る。（退ける）

10 二人の息子も立派に成長して、本当にタノモシイ限りだ。（頼もしい）

11 いかなる時でも危険をサケルに越したことはない。（避ける）

／25

12 検査をしたが異状はミトメられなかった。（認め）

13 日本の各地に人をバカシたタヌキの話がある。（化かし）

14 期限が刻々とセマッてくる。（迫っ）

15 念願だったチョモランマの山頂をキワメル。（極める）

16 新しい機械の性能についてもう少しクワシク説明してほしい。（詳しく）

17 外国でクラシたいと思うことも時々ある。（暮らし）

18 彼はムコウ見ずな性格の持ち主だ。（向こう）

19 人前だと気オクレしてどうしてもうまく話せない。（後れ）

20 再び平和がオトズレルことを心から祈る。（訪れる）

21 壱万円札をスカシて見る。（透かし）

22 出勤日と休日を振りカエルことにした。（替える）

23 互いに友好的なマジワリを結ぶことにした。（交わり）

24 宿泊料には食事代がフクマれている。（含ま）

25 父は一家をササエル働き手だ。（支える）

漢字と送りがな 2

／25

●次の――線のカタカナの部分を漢字と送りがな（ひらがな）に直して（　）の中に記せ。

〈例〉問題にコタエル。（答える）

1 相手との実力の差は、ようやくセバマッてきた。（狭まっ）

2 常に自らをイマシメル心構えが必要だ。（戒める）

3 今朝はメズラシク早起きだ。（珍しく）

4 多大な影響をオヨボシた事件であった。（及ぼし）

5 チョウがカロヤカニ空中を舞っている。（軽やかに）

6 来年から町内会の役員もカネルことになった。（兼ねる）

7 もはや責務をノガレルことはできない。（逃れる）

8 明白な裏付けをフマエて激しく反論した。（踏まえ）

9 夕暮れどきの西の空は真っ赤にソマッている。（染まっ）

10 算数の宿題でムズカシイ問題を解いた。（難しい）

11 ひざがフルエルほどの怖さを体験した。（震える）

12 無責任な行為をやめるよう直接ウッタエル。 （訴える）

13 ハズンだ声で話しかけた。 （弾ん）

14 関係改善のため特使をツカワスことになった。 （遣わす）

15 かつておかした罪のムクイを受けた。 （報い）

16 音に対する感覚をスルドクする必要がある。 （鋭く）

17 遠方からの客を家にトメルことになった。 （泊める）

18 突然の物音にびっくりして馬が飛びハネル。 （跳ねる）

19 この修行には苦しさにタエル根性が必要だ。 （耐える）

20 久しぶりにのんびりと家の中でスゴシたい。 （過ごし）

21 言葉をツツシムよう注意された。 （慎む）

22 原稿と印刷物を注意深くテラシ合わせてみた。 （照らし）

23 物事をきめコマカク考える人である。 （細かく）

24 畑の作物を荒らしていたイノシシがツカマッた。 （捕まっ）

25 彼のものヤワラカナ態度に好感を持った。 （柔らかな）

漢字と送りがな 3

●次の――線のカタカナの部分を漢字と送りがな（ひらがな）に直して（　）の中に記せ。

〈例〉問題にコタエル。（答える）

1 子どもの夢をコワスな。（壊す）

2 一つの事ばかりをあまり思いツメルのはよくない。（詰める）

3 目が回るほどイソガシイ一日であった。（忙しい）

4 オソロシイ勢いでいきなり犬が飛びかかってきた。（恐ろしい）

5 今からでは列車に乗りオクレルかもしれない。（遅れる）

6 良心にソムクような行為は決してしません。（背く）

7 カエリミて恥じるところは一つもない。（省み）

8 ほおに当たる早朝の冷たい潮風がココロヨイ。（快い）

9 だれも通らないサビシイ山道を行く。（寂しい）

10 賛成派が大多数をシメル結果となった。（占める）

11 二つのコトナル条件で、実験を行う予定だ。（異なる）

／25

12 それが事実かどうかを当事者にタシカメル必要がある。（確かめる）

13 言葉をツクシて説得する。（尽くし）

14 来春までの完成をアヤブム声が上がっている。（危ぶむ）

15 難問が続出して、頭をカカエルばかりだった。（抱える）

16 首の筋をチガエたらしく痛くてたまらない。（違え）

17 何事もなかったようにスマシた顔をしていた。（澄まし）

18 この路地を突きヌケルと大通りに出る。（抜ける）

19 彼女は目に涙をウカベて悲しいニュースを見ていた。（浮かべ）

20 暑い真夏の太陽がやっと西の空へとカタムイた。（傾い）

21 ヨゴレている川の中に入ってはいけない。（汚れ）

22 部屋の中は、花のよいカオリで満ちていた。（香り）

23 君は自分の仕事に対してもっとホコリを持つべきだ。（誇り）

24 男マサリの気丈な女性だ。（勝り）

25 明日は台風で海がアレルので、漁は中止になるだろう。（荒れる）

漢字と送りがな 4

25

●次の――線のカタカナの部分を漢字と送りがな（ひらがな）に直して（　）の中に記せ。

〈例〉問題にコタエル。（答える）

1 痛いところにフレル。（触れる）

2 妹は進学の問題について色々とナヤンでいるようだ。（悩ん）

3 議題としてアツカウかどうかを検討する。（扱う）

4 もうこうなったら、少々のことではオドロカサれないぞ。（驚かさ）

5 辞表は当分部長がアズカルことになった。（預かる）

6 将来のために実力をタクワエルようにしたい。（蓄える）

7 事務所を三階にモウケルことになった。（設ける）

8 彼は言葉をニゴシて多くを語らなかった。（濁し）

9 通りからサワガシイ声が聞こえてくる。（騒がしい）

10 これからは少なくなった財産をフヤスつもりだ。（殖やす）

11 すばらしい友だちにメグマれて育った。（恵ま）

12 つった魚をクサラスようなことはするな。（腐らす）

13 砂糖は水にトケル。（溶ける）

14 口うるさい上司をケムタク感じている。（煙たく）

15 池の水面に波紋が次々とエガキ出された。（描き）

16 観光客にバス停までの道のりをタズネられた。（尋ね）

17 流れの急な川を死にものグルイで泳いで対岸に渡った。（狂い）

18 腕をフルッて料理を作り、客をもてなした。（振るっ）

19 多年の功績によって文化功労賞受賞の栄誉にカガヤイた。（輝い）

20 先輩からテニス同好会への入会をススメられた。（勧め）

21 彼はまだまだセメル力を十分に持っている。（攻める）

22 年がアラタマッて新鮮な気分になる。（改まっ）

23 人込みの中にカクレてしまってわからなくなった。（隠れ）

24 赤ちゃんにヤサシイまなざしを向ける。（優しい）

25 遊びツカレて眠っている。（疲れ）

四字熟語 1

●次の――線のカタカナを漢字に直して（　）の中に記入し、文中の四字熟語を完成させよ。

1 彼の言い分は論シ明快ですぐに理解できた。（旨）

2 次世代に良風美ゾクを伝える。（俗）

3 「誠実であれ」を金科玉ジョウとして行動する。（条）

4 管理人が住人に無断で家に入るのはエッ権行為だ。（越）

5 あの会社の経営は旧態イ然としていて発展がない。（依）

6 主人公の運命は因ガ応報を感じさせた。（果）

7 その行事は衆人カン視のもとで始まった。（環）

8 新人作家の小説が空前ゼツ後のベストセラーになった。（絶）

9 若い画家は一心不ランに絵筆を握っている。（乱）

10 今年は集中ゴウ雨が多くて各地に水害が起きた。（豪）

11 一バツ百戒をねらって、厳しい処分が下された。（罰）

／25

12 玉石混コウの中から優れたものを選び出す。（交）

13 それでは大ギ名分が立たない。（義）

14 あなたが立ち直るにはどうしても自力コウ生しかない。（更）

15 苦境のあとには好機トウ来することもある。（到）

16 互いに攻め合う一進一タイの展開で試合が進んだ。（退）

17 新しい計画に際し熟リョ断行で臨む。（慮）

18 この話は利害トク失を考えた上で進めた。（得）

19 互いに疑心暗キで相手の腹の内をさぐった。（鬼）

20 一読三タンの名著である。（嘆）

21 一言半クも聞きもらさないようにする。（句）

22 注意散マンでいつでも先生からしかられている。（漫）

23 クラスの多くは付和ライ同で、定見を持っていない。（雷）

24 今度の火災は不可コウ力で防ぎようがなかった。（抗）

25 博ラン強記の人として知られている。（覧）

四字熟語 2

●次の――線のカタカナを漢字に直して（　）の中に記入し、文中の四字熟語を完成させよ。

1 悪戦苦トウの中でやっと勝利をつかむ。（闘）

2 本末転トウの議論が続いていてうんざりする。（倒）

3 手厳しく批評されて意気消チンした。（沈）

4 班のリーダーとして率先垂ハンを心がける。（範）

5 親の忠告にも馬ジ東風だ。（耳）

6 時節トウ来と見て、新規事業を始めた。（到）

7 今度の担任の先生は新進気エイの青年だ。（鋭）

8 キ想天外なアイディアにみんなが驚いた。（奇）

9 ミスを取り返す活躍でオ名返上を果たした。（汚）

10 怒りのあまり思リョ分別を失ってしまった。（慮）

11 七夕のたんざくに願いを込めてコウ久平和と書く。（恒）

/25

12 初もうでで家族の無病ソク災を祈った。（息）

13 信賞必バツで公平な評価をすることに決めた。（罰）

14 複雑な問題を一刀両ダンに処理する。（断）

15 出席者は異ク同音に称賛の声を上げた。（口）

16 文を作るときは起ショウ転結に気をつけよう。（承）

17 意志ハク弱の性格を直したい。（薄）

18 美辞レイ句ばかりの祝辞にややうんざりする。（麗）

19 不ゲン実行の先輩をとても尊敬しています。（言）

20 渡り鳥は空中を不ミン不休で飛び続ける。（眠）

21 仕事に就いて数日間は五里ム中だった。（霧）

22 彼はグラウンドで縦横無ジンの活躍を見せた。（尽）

23 これで一件ラク着した。（落）

24 無理ナン題を要求されてとても困った。（難）

25 才色ケン備で非の打ちどころがない。（兼）

四字熟語 3

次の――線のカタカナを漢字に直して（　）の中に記入し、文中の四字熟語を完成させよ。

1 その言葉は口先だけの外交ジ令に過ぎない。（辞）

2 長年抱えていた悩みが雲散ム消した。（霧）

3 地下水のくみ上げで地バン沈下が激しくなった。（盤）

4 難コウ不落といわれた城だ。（攻）

5 ついに敵の金城鉄ペキの守りを破った。（壁）

6 彼女の発言には、思いがけない波キュウ効果があった。（及）

7 夫婦二人三キャクで堅実な家庭を築く。（脚）

8 黒船来航で幕末の日本はしばしば物情ソウ然とした。（騒）

9 報道された内容は事実無コンであった。（根）

10 競争原理が働けば優勝レッ敗は避けられない。（劣）

11 事故が連サ反応を招き被害が拡大した。（鎖）

／25

12 最後まで、**波乱万ジョウ**の人生だった。（丈）

13 **危機一パツ**、身をかわして難を避けた。（髪）

14 不況のなか商品価格の**現状イ持**に努める。（維）

15 丘を越えると、**一ボウ千里**の大平原が広がっていた。（望）

16 治安が悪く、**百キ夜行**の状態であった。（鬼）

17 長いだけで**無味乾ソウ**な演説にあきた。（燥）

18 彼女は**八ポウ美人**な性格だ。（方）

19 今日という日を**一日千シュウ**の思いで待ち続けた。（秋）

20 年末年始は**多事多タン**な時期だ。（端）

21 **モン外不出**の秘宝が国内で初公開された。（門）

22 ここぞとばかりに**力戦奮トウ**し勝利を得た。（闘）

23 **オン故知新**の心構えでじっくりと古典を読む。（温）

24 自分の計画を**自画自サン**しても始まらない。（賛）

25 **理ロ整然**と説明されて口をはさめなかった。（路）

四字熟語 4

●次の――線のカタカナを漢字に直して（　）の中に記入し、文中の四字熟語を完成させよ。

1 開会式ではイ風堂々と入場行進した。（威）

2 あまりマン言放語が過ぎると腹が立つ。（漫）

3 新人を適ザイ適所に配置する。（材）

4 強敵との試合を前に選手たちはトウ志満々だ。（闘）

5 母校チームの優勝にキョウ喜乱舞した。（狂）

6 彼の心は明キョウ止水の境地にある。（鏡）

7 住民にとってはキョウ天動地のニュースだった。（驚）

8 大器バン成した実業家として知られている。（晩）

9 製品にはソウ意工夫がこらされている。（創）

10 小心ヨク々として上司の顔色をうかがう。（翼）

11 いつの時代も有イ転変が世の習いだ。（為）

/25

12 なかなか前トな有望な若者だ。（途）

13 平々ボンなな暮らしに満足している。（凡）

14 厚顔無チな態度に周りはあきれかえった。（恥）

15 言うことが針小ボウ大では信用できない。（棒）

16 多様な質問に対し当意即ミョウに答える。（妙）

17 この作品は公序良ゾクに反するので発売を禁止する。（俗）

18 電子部品は軽ハク短小の傾向にある。（薄）

19 事件の一部始ジュウが明らかになった。（終）

20 仕事には即断即ケツしなければならない場面がある。（決）

21 ひとしきり沈思モッ考してから行動した。（黙）

22 全知全ノウの神の力に頼る。（能）

23 皆の前でほめられて得意満メンになる。（面）

24 ここは山シ水明の地として有名な所だ。（紫）

25 再検査はコウ明正大に行われたはずだ。（公）

四字熟語 5

●次の――線のカタカナを漢字に直して（　）の中に記入し、文中の四字熟語を完成させよ。

1 最終回に**キ死回生**のホームランを打った。（起）

2 **自給自ソク**の田舎暮らしをする。（足）

3 わが校は**文ブ両道**の学園として名高い。（武）

4 旅行で**名所旧セキ**の多い京都を訪れる。（跡）

5 多くの難問題が**急テン直下**解決した。（転）

6 毎年、**ホウ年満作**を祈る祭りが行われる。（豊）

7 彼の**優ジュウ不断**な態度についに怒りが爆発した。（柔）

8 親友の助言で**絶タイ絶命**のピンチを乗り越えた。（体）

9 仲間のように見えるが、内情は**同ショウ異夢**だ。（床）

10 差別による**人権シン害**をなくそう。（侵）

11 **ジン常一様**な練習量では試合で勝てない。（尋）

/25

12 着物の似合う容姿端レイな女性とすれ違った。（麗）

13 物事のゼ非善悪をわきまえる。（是）

14 頭カン足熱を心がける。（寒）

15 その大学は多彩な人材ハイ出で有名だ。（輩）

16 一キョ両得をねらうとは欲張りな人だ。（挙）

17 落語家の話芸にはホウ腹絶倒のおもしろさがある。（抱）

18 何事にも用意周トウに準備して取りかかる。（到）

19 この店はハク利多売で売り上げをのばした。（薄）

20 タン刀直入に話を切り出した。（単）

21 ミョウ計奇策を用いて敵を出し抜く。（妙）

22 大きな犯罪組織が一モウ打尽となった。（網）

23 両国の関係は一ショク即発の張り詰めた状態だ。（触）

24 突然訪れた愛別リ苦に泣くよりほかなかった。（離）

25 公害によるカン境破壊の問題が取り上げられて久しい。（環）

誤字訂正 1

● 次の各文にまちがって使われている**同じ読みの漢字**が**一字**ある。**上の（　）に誤字を、下の〔　〕に正しい漢字**を記せ。

		誤	正
1	画像の必要な部分を較大して印刷する。	（較）	〔拡〕
2	約束の時間に遅れて取引先に命惑をかけた。	（命）	〔迷〕
3	社長の率先垂判で社員の意欲が向上した。	（判）	〔範〕
4	家屋敷を抵踏にして運営資金を調達した。	（踏）	〔当〕
5	万が一に備えて、家の屋根に避雷震を設置した。	（震）	〔針〕
6	神様に仕える身として厳しい皆律に耐える。	（皆）	〔戒〕
7	山頂を極めた冒険家が雄躍して最高峰を目指す。	（雄）	〔勇〕
8	対戦相手の機先を征する速攻で勝利を得た。	（征）	〔制〕
9	祖父母が買った果子は甘くておいしかった。	（果）	〔菓〕
10	世界偉産に登録される。	（偉）	〔遺〕

/22

11 血圧測程の記録を参照しながら病状を説明する。（程）（定）

12 生活必授品の価格の見直しを予定している。（授）（需）

13 事故による損害のみ保証する保険です。（証）（障）

14 来年は資本金をやり繰りして利植にはげむ。（植）（殖）

15 鉄棒の演技で着地の体成がくずれた。（成）（勢）

16 生物多様性の考え方から奇少動物を保護する。（奇）（希）

17 出版記念の祝賀会がホテルで正大に行われた。（正）（盛）

18 高性能を誇る情報通信機規が開発された。（規）（器）

19 合理的な練習が功を層して、難敵を破った。（層）（奏）

20 北極圏で彩取した雪を研究に使う。（彩）（採）

21 この雑誌は主婦を対称にして編集された。（称）（象）

22 黒潮は日本列島に添って北上する暖流だ。（添）（沿）

誤字訂正 2

●次の各文にまちがって使われている**同じ読みの漢字が一字**ある。**上の（　）に誤字を、下の（　）に正しい漢字**を記せ。

	文	誤	正
1	所蔵する書物が多く倒底収納できない。	倒	到
2	姉の学級担任の先生が家庭を訪門した。	門	問
3	部分品を徴達するのに近隣の町工場を頼る。	徴	調
4	溶接部分が不完全で故障が俗発した。	俗	続
5	自家発電の実用化を説望する。	説	切
6	新人選手が棒高飛びの記録にチャレンジした。	飛	跳
7	私がピアノを引いた後で彼女が独唱する。	引	弾
8	宅地増成にはある一定の制限が設けられている。	増	造
9	参列者の恵称は省略して資料を作成した。	恵	敬
10	間違いを素直に認めて直ちに誤った。	誤	謝

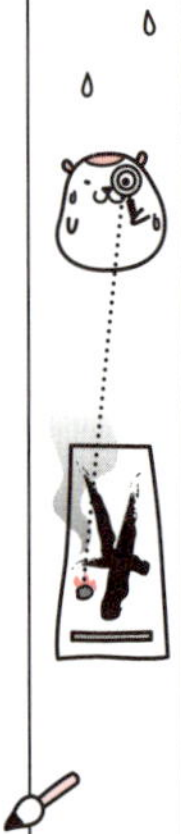

/22

11 再起を量るための計画を練り上げた。（量）〔図〕

12 新製品を走急に開発するよう要望を出す。（走）〔早〕

13 予選を通過したという郎報を期待している。（郎）〔朗〕

14 大雨のせいで決解した河川の改修工事が始まる。（解）〔壊〕

15 南米の現地から状況を中経で放送する。（経）〔継〕

16 格別のご配慮に対し厚く恩礼申し上げます。（恩）〔御〕

17 家族が夏に非暑地で静養する計画を立てた。（非）〔避〕

18 先入観や億測で断定して失態を演じる。（億）〔憶〕

19 情勢の変化に即応して適切に対所しよう。（所）〔処〕

20 晩年の夫婦を首題にした小説を書く。（首）〔主〕

21 入浴で皮腐が温まると血行がよくなる。（腐）〔膚〕

22 出品した自画像の入選の報を聞いて驚輝した。（輝）〔喜〕

誤字訂正 3

●次の各文にまちがって使われている**同じ読みの漢字が一字**ある。**上の（　）に誤字を、下の（　）に正しい漢字**を記せ。

		誤	正
1	瞬時の油弾から思わぬ大惨事が発生した。	弾	断
2	取味で世界各国の切手を収集している。	取	趣
3	港の岸壁に大型貨物船が抵泊している。	抵	停
4	知的好奇心を視激されて勉学に精を出した。	視	刺
5	驚威的な世界記録を樹立した。	威	異
6	家の改築のための借金を月賦で返載する。	載	済
7	最近、休暇を利用して旅行に出る若者が殖えた。	殖	増
8	夕食後の観談はわが家の日課になっている。	観	歓
9	流氷の海に魚群を求めて船団が出領する。	領	漁
10	度重なる業界の談合に戯惑を抱く。	戯	疑

／22

11 召味期限の表示により風味の保証をする。（召）〔賞〕

12 タコは周囲の様子により体の色を替える。（替）〔変〕

13 観客・役者・舞台は大衆演劇の三容素である。（容）〔要〕

14 古書の添示即売会で掘り出し物を探す。（添）〔展〕

15 相手の言葉はなるべく善意に介釈したいものだ。（介）〔解〕

16 得意慢面で百点の答案を親に差し出した。（慢）〔満〕

17 日本人の出生率は低下経向にある。（経）〔傾〕

18 提案を十分に検当して結論を出す。（当）〔討〕

19 勇気を震って敵陣に乗り込んで行く。（震）〔奮〕

20 研究員の鋭知を集めて早急に完成させたい。（鋭）〔英〕

21 順調に開票が進みやがて勝利は較定的になった。（較）〔確〕

22 自主的な申し出に元づいて、原案を作成した。（元）〔基〕

誤字訂正 4

／22

●次の各文にまちがって使われている**同じ読みの漢字**が**一字**ある。**上の（　）に誤字**を、**下の（　）に正しい漢字**を記せ。

	問題	誤	正
1	毎日、学生冒をかぶって登校する。	冒	帽
2	新作発表会場の熱気に気遅れする。	遅	後
3	茶色い屋根の家が十五件ほど建っている。	件	軒
4	若人は豊かな国際感覚を体特してほしい。	特	得
5	音楽界では違色の作曲家だ。	違	異
6	休仮中に油引きをするので机を移動させた。	仮	暇
7	多年の経験から押しはかると成功率は高い。	押	推
8	映画館の大型画面は隣場感を盛り上げる。	隣	臨
9	新築されたわが家の完成の日を霧想する。	霧	夢
10	長年の努力の末、師が芸道の秘事を伝需するに至った。	需	授

11 抜群に音郷効果の優れた演奏会場が完成した。（郷）〔響〕

12 精鋭を集めたので最強の浮陣ができた。（浮）〔布〕

13 彼女の性格には意外な即面がある。（即）〔側〕

14 曲芸を演じている回りに大勢の観衆がいる。（回）〔周〕

15 台風に供えて非常食の調達に走った。（供）〔備〕

16 頭痛が続くので悩波の検査をすることにした。（悩）〔脳〕

17 社会探抱を兼ねた週末旅行に出発する。（抱）〔訪〕

18 幼児期の悪い生活習環の改善に努める。（環）〔慣〕

19 昨日、抜き撃ちの会計監査が行われた。（撃）〔打〕

20 連戦連勝で選手団は有跳天になった。（跳）〔頂〕

21 若者の持及力の向上を目的にした運動です。（及）〔久〕

22 昔の武士は日常的に腰に刀を刺していた。（刺）〔差〕

漢字の書き取り 1

/25

●次の――線のカタカナを漢字に直して、（　）の中に記せ。

1 センバツ組の練習を取材する。（選抜）

2 全員から会費のチョウシュウを終えた。（徴収）

3 これまでたまっていた不満が一気にフンシュツした。（噴出）

4 あの病院は最新イリョウの設備を整えている。（医療）

5 シツレンして部屋で一晩泣き明かした。（失恋）

6 サッソク製作を始めることに決まった。（早速）

7 新キャラクターのアイショウを決める。（愛称）

8 ジライを取り除く作業に従事していた。（地雷）

9 暖かくなりトウミンを終えた虫が動き始める。（冬眠）

10 故郷でよく聞いたミンヨウを仲間と楽しむ。（民謡）

11 昨年他界した祖父のハツボンを迎えた。（初盆）

12 外国にトコウするための手続きをする。（渡航）

13 来客のためにおカシと飲み物を用意した。（菓子）

14 家族が関東と関西とにハナれて暮らす。（離）

15 劇場の舞台係は、地味で根気のイる仕事だ。（要）

16 少年が上手に口笛をフく。（吹）

17 ハマベで犬とのんびり散歩を楽しんだ。（浜辺）

18 信号機が故障したため特急列車がオクれた。（遅）

19 私語が多くて先生にオコられた。（怒）

20 字は日ごろからツトめてきれいに書きましょう。（努）

21 テストの際にはウデ時計を持参するようにしている。（腕）

22 子どもたちがオニごっこをして遊んでいる。（鬼）

23 駅前の大通りに輸入品を扱う店をカマえる。（構）

24 長年使って古くなったアミドを取り替える。（網戸）

25 さまざまな樹木がおいシゲっている。（茂）

漢字の書き取り 2

/25

●次の——線の**カタカナ**を**漢字**に直して、（　）の中に記せ。

1 数がそろっているか**タンネン**に調べる。（丹念）

2 **ドクゼツ**を振るうのでき らわれている。（毒舌）

3 論説文の要点を**テキシュツ**してまとめる。（摘出）

4 恩師への**ゾウトウ**品として舞扇を選ぶ。（贈答）

5 今年の夏も**モウショ**だった。（猛暑）

6 災害に強い**タイカ**構造の家を建築する。（耐火）

7 はるか遠くに、日本アルプスの**レンポウ**を望む。（連峰）

8 すばらしい歌声に会場から盛大な**ハクシュ**が送られた。（拍手）

9 同級生が**ケンドウ**の試合で優勝した。（剣道）

10 高価な**チンミ**が老舗旅館の食事に出てきた。（珍味）

11 病院で中性**シボウ**の血液検査を受けた。（脂肪）

12 名高い王家のキュウデンを見学する。（宮殿）

13 努力の結果、試験に合格できてホンモウだ。（本望）

14 鉱石には不純物がマじっているものが多い。（混）

15 ネコを二ヒキ飼っている。（匹）

16 絶対にユルすことのできない行為だ。（許）

17 体の不自由な方のために、席をモウける。（設）

18 文が長過ぎるから少しチヂめてください。（縮）

19 最近は子どもの数がヘり続けている。（減）

20 ここはシオの流れの速い所なので注意する。（潮）

21 今までにも多くの賞をサズけられた人だ。（授）

22 ウラナいはあまり信じていない。（占）

23 親しい人との別れはサビしいものだ。（寂）

24 重く大きなドアをオして室内に入った。（押）

25 和室のタタミの上でのんびりとくつろぐ。（畳）

漢字の書き取り 3

/25

●次の――線のカタカナを漢字に直して、（　）の中に記せ。

1 強いチームが決勝戦でゲキトツする。（激突）

2 天候の影響で野菜のシュッカが遅れた。（出荷）

3 ネンレイの違う人たちとの交流を続ける。（年齢）

4 解答ランに答えを書き込む。（欄）

5 雑誌にレンサイされるエッセイが楽しみだ。（連載）

6 去年から駅前のヒフ科で治療を受けている。（皮膚）

7 学園祭の準備で多忙なセンパイを手伝う。（先輩）

8 屋根のいたんだカショを大急ぎで修理する。（箇所）

9 フクショクデザイナーの仕事に関心を持つ。（服飾）

10 一週間のキュウカを使って海外旅行をする。（休暇）

11 この記事は事実をコチョウしている。（誇張）

12 印鑑とシュニクを持ってくるのを忘れた。（朱肉）

13 重税に苦しむノウドをリアルに描いた作品だ。（農奴）

14 その選手は期待にソムかない好成績を残した。（背）

15 わが校の文化祭のプログラムはモりだくさんだ。（盛）

16 キビしい練習の末に王座を勝ち取った。（厳）

17 ヌマチ特有の植物を採集する。（沼地）

18 秋はクダモノが格別においしい季節だ。（果物）

19 新規事業の成功をアヤぶむ。（危）

20 柔道でワザありと判定されて負けた。（技）

21 目覚まし時計をセットしてからネる。（寝）

22 高級な衣料品をアツカう店ができた。（扱）

23 妹はオソろしい夢を見てうなされていた。（恐）

24 贈答品のチョコレートはかなりアマかった。（甘）

25 知恵を出し合って解決の方策をサグる。（探）

漢字の書き取り 4

/25

●次の――線のカタカナを漢字に直して、（　）の中に記せ。

1 景気の回復はイゼンとして進まない。（依然）

2 初対面の客とアクシュをした。（握手）

3 色とりどりの果物をトウメイな器に盛る。（透明）

4 馬のニュウワなまなざしに心がいやされる。（柔和）

5 観光事業のイッカンとして寸劇が行われた。（一環）

6 サキュウの近くまで観光バスで行く。（砂丘）

7 サッカー観戦が学生時代からのシュミだ。（趣味）

8 志望校合格のため、日夜学問にショウジンする。（精進）

9 祭りの日にはケイダイに多くの夜店が出る。（境内）

10 支持率の低下により総理大臣がタイジンした。（退陣）

11 親族の健康とハンエイを神仏に祈る。（繁栄）

12 病状はカイホウに向かっているようだ。（快方）

13 トウゲン郷のような景色だ。（桃源）

14 お世話になったミナさんに感謝します。（皆）

15 新しいマフラーを首にマきつけて出かけた。（巻）

16 昨日のエラーをオギナって余りある一打だ。（補）

17 処分に対してタンガン書を提出した。（嘆願）

18 スグれた美的感覚の持ち主に出会った。（優）

19 苦労の末にまとまりかけた話をコワしてしまった。（壊）

20 長いカミを後ろで束ねた。（髪）

21 子どもを連れたメスのイノシシを見た。（雌）

22 立派な業績を残した父はエラいと思う。（偉）

23 晴れた日に庭のシバの手入れをした。（芝）

24 昔、イナサクが日本に伝わってきた。（稲作）

25 この雪空では狩りのエモノはあまり望めない。（獲物）

漢字の書き取り 5

/25

●次の――線のカタカナを漢字に直して、（　）の中に記せ。

1 親友のケッコンを祝って電報を打つ。（結婚）

2 ユウシュウな人材を確保するため奔走《ほんそう》する。（優秀）

3 お寺の高いトウを見上げる。（塔）

4 日本のスガオを写真で紹介した本だ。（素顔）

5 新しい計画はゴクヒのうちに進められた。（極秘）

6 夜間に構内をジュンカイして防犯に努める。（巡回）

7 昼から部屋にこもってシッピツしている。（執筆）

8 落石事故のサンジは二度と繰り返すまい。（惨事）

9 危険箇所の修理をサッキュウに行う。（早急）

10 フツウの感覚では理解しがたい行動だ。（普通）

11 思春期のハンコウ的な態度を今は恥ずかしく思う。（反抗）

12 胸がアッパクされて苦しい。（圧迫）

13 早合点して自らボケツを掘ってしまった。（墓穴）

14 証拠になる書類を調査官にサし出した。（差）

15 式典の参加者を空港までムカえに行く。（迎）

16 トウゲを越えると次はなだらかな下り坂だ。（峠）

17 たくさん練習を積んで走りハバ跳びの選手になった。（幅）

18 新しい車がホしいので貯金している。（欲）

19 すずりで墨《すみ》をすって書きゾめをした。（初）

20 学校の窓口に行って入学の手続きをスませる。（済）

21 体格は彼のほうがややマサっている。（勝）

22 ナゴリをおしみつつ住み慣れた町を離れた。（名残）

23 よく書けるかどうかをタメしてみよう。（試）

24 アマツブが窓ガラスに付く。（雨粒）

25 天候がアれたので遠足は来週に延期された。（荒）

漢字の書き取り

6

/25

●次の——線のカタカナを漢字に直して、（　）の中に記せ。

1 能力のある職員をハケンする。（派遣）

2 その事件の経過をショウサイに説明された。（詳細）

3 飛行機のバクオンで目が覚めてしまった。（爆音）

4 毛糸の白いボウシがよく似合っている。（帽子）

5 天からフヨされた才能を十分に発揮する。（賦与）

6 前年度の方針をトウシュウすることにした。（踏襲）

7 ファイルをテンプしてメールを送信する。（添付）

8 校内の討論会でゼッセンの火花を散らした。（舌戦）

9 予定をヘンコウしてニュースを放送した。（変更）

10 店によってハンバイする値段が異なる。（販売）

11 大事な日なのにビネツがあって元気が出ない。（微熱）

12 タイクツなので友だちに電話をかけた。（退屈）

13 グループ全員のチエを結集して難局を乗り切る。（知恵）

14 今日も空がどんよりとクモっている。（曇）

15 柱やつなの上でカルワザを演じるのが得意だ。（軽業）

16 試合の開始の時刻を約十五分間ノばした。（延）

17 腹にニブい痛みを感じた。（鈍）

18 今度の仕事は長くて苦しくて精も根もツき果てた。（尽）

19 ツカれたので休養したいと申し出る。（疲）

20 年末にゾウニの材料を買いそろえた。（雑煮）

21 オサナいころは草深い田舎で育ちました。（幼）

22 昨日休んだワケを話した。（訳）

23 下町の情感がうまくエガかれている映画だ。（描）

24 カい犬に手をかまれたようなものだ。（飼）

25 母親とムスメが仲良く買い物に出かける。（娘）

漢字の書き取り 7

/25

●次の――線のカタカナを漢字に直して、（　）の中に記せ。

1 火山からヨウガンが流れ出して地形が変化した。（溶岩）

2 彼は見かけによらずコンジョウのすわった男だ。（根性）

3 今後は努めて体力をイジしたい。（維持）

4 友だちからエンピツと消しごむを借りる。（鉛筆）

5 今日は暑いのでセンスで顔をあおぐ人をよく見かける。（扇子）

6 園児たちをインソツして動物園に行く。（引率）

7 どうぞごショモウの品をお申しつけください。（所望）

8 営業と経理の仕事をケンムしている。（兼務）

9 新しい理論が急にフジョウしてきた。（浮上）

10 株価の下落にさらにハクシャがかかった。（拍車）

11 ゲンカンに季節の花を生けて客を迎える。（玄関）

12 彼女のユウガでしなやかな身のこなしを見習う。（優雅）

13 その行動は法にテイショクすると注意された。（抵触）

14 映画のコワい場面に思わず身がすくむ。（怖）

15 海岸線にソって車を走らせる。（沿）

16 景気の回復をハカるための方策を立てる。（図）

17 旅行にはカえ着を持っていくことを忘れないように。（替）

18 健康を保つにはまず暴飲暴食をツツシむことだ。（慎）

19 高価な絹のハンカチをおミヤゲにもらった。（土産）

20 鼻をサすようなにおいに思わず顔をしかめる。（刺）

21 弟の体調が悪くなったのでふとんをシいて休ませた。（敷）

22 山をコえると眼下に美しい湖が見えた。（越）

23 深夜の電話にオドロいて飛び起きた。（驚）

24 式はオゴソかに挙行された。（厳）

25 三日月が西の空にカタムいているのが見えた。（傾）

漢字の書き取り 8

/25

●次の――線のカタカナを漢字に直して、（　）の中に記せ。

1 借りていた書物を昨日図書館にヘンキャクした。（返却）

2 社外の上役にメイシを手渡す。（名刺）

3 何事もエイイ努力すれば必ず道は開ける。（鋭意）

4 今年度と前年度の収益をヒカクする。（比較）

5 戦争避難民にキュウエン物資を送る。（救援）

6 きげんの悪いドキを含んだ声が聞こえた。（怒気）

7 足をすべらせて急なシャメンを転げ落ちた。（斜面）

8 国際情勢はコンメイの度合いを深めてきた。（混迷）

9 ここはゴウセツ地帯として有名な所である。（豪雪）

10 雑誌のボウトウに写真を載せる予定だ。（冒頭）

11 皆に事件のケイイを詳しく説明した。（経緯）

12 攻撃は最大のボウギョだと先生から教わった。（防御）

13 内容をコウモクごとに分類して解説する。（項目）

14 これまで無名だった選手が栄光にカガヤいた。（輝）

15 イノるような気持ちで合格発表を待った。（祈）

16 いつもこの時期になると新茶のよいカオりがしてくる。（香）

17 どちらかといえばムラサキ色の着物が好きだ。（紫）

18 不注意による失礼をアヤマる。（謝）

19 なりふり構わず、ヒタイに汗して働く。（額）

20 水泳教室への入会を申しコむ。（込）

21 食品はウツワごと加熱してください。（器）

22 道の幅がだんだんセマくなってきた。（狭）

23 日曜日に教授のお宅へウカガうつもりだ。（伺）

24 祖母がイドでスイカを冷やしている。（井戸）

25 町の公民館でワコウドの集まりがあった。（若人）

漢字の書き取り 9

/25

●次の――線の**カタカナ**を**漢字**に直して、（　）の中に記せ。

1 能力本意の選考で**エンコ**採用はありません。（縁故）

2 プールで泳ぐ生徒がおぼれないように**カンシ**する。（監視）

3 雑誌に自分の論文を**トウコウ**したところ採用された。（投稿）

4 市民会館の**ロウキュウ**化がさらに進む。（老朽）

5 経費の**ウチワケ**書を提出した。（内訳）

6 一般家庭におけるインターネットの**フキュウ**率を調べる。（普及）

7 美の**ケシン**のような美しい女性に思わず見とれる。（化身）

8 先入観や**オクソク**による話は信用できない。（憶測）

9 問いかけに対して**ソクザ**に答えが返ってきた。（即座）

10 寄せられた情報が正しいものか**カクニン**する。（確認）

11 古典的な**ギキョク**が上演される劇場だ。（戯曲）

12 世界の平和を心から**キガン**している。（祈願）

13 事件に使われた**キョウキ**が見つかった。（凶器）

14 部屋が暑くて**アセ**がだらだらと流れる。（汗）

15 周囲に危険を知らせるために大声で**サケ**んだ。（叫）

16 テニスの腕前は学生時代からの**スジガネ**入りだ。（筋金）

17 **キヌ**ごし豆腐はきめが細かい。（絹）

18 家の畑でとれた**イモ**を焼いて皆で食べた。（芋）

19 親に**カク**し事をして注意された。（隠）

20 会場では観客の**サカ**んな拍手で迎えられた。（盛）

21 床に**ツ**くのはいつも十二時過ぎである。（就）

22 所要時間には待ち時間も**フク**まれている。（含）

23 参道にはきれいな玉砂利が**シ**き詰めてある。（敷）

24 昨日から降り積もった雪のために道が**ト**ざされた。（閉）

25 仕事を多く**カカ**え込んで弱っている。（抱）

漢字の書き取り 10

●次の――線のカタカナを漢字に直して、（　）の中に記せ。

1 自動セイギョ装置のお陰で難をまぬかれた。（制御）

2 大雨の地域にラジオでケイカイを呼びかける。（警戒）

3 キョガクの財産があることを公にする。（巨額）

4 体験を通してニンシキを新たにした。（認識）

5 これは重要なヒミツ事項だ。（秘密）

6 服装を整えてから、ギシキに参列した。（儀式）

7 学校で行われたカイゴ実習に真剣に取り組んだ。（介護）

8 近所の美容院で肌《はだ》に優しい髪のダッショク剤を紹介された。（脱色）

9 ずっと昔にケッキョ生活をしていた跡だ。（穴居）

10 広いテンポで店員と相談しながら家電を選んだ。（店舗）

11 大規模なジシンを想定して訓練する。（地震）

/25

12 新しい職場では夫婦でベッセイを名乗っている。（別姓）

13 エンジンを組んで士気を高めている。（円陣）

14 プレゼントをもらい、少女の顔は喜びにミちていた。（満）

15 カゲエで遊んだ幼いころを思い出す。（影絵）

16 イクニチ待てば返事をもらえるのだろう。（幾日）

17 昨日から左のオクバがずきずき痛む。（奥歯）

18 宝石のカガヤきに夢中になった。（輝）

19 ヨーロッパの画家がカいた絵を見た。（描）

20 仏前に果物をソナえる。（供）

21 ご恩にムクいるよう芸道に精進します。（報）

22 今年は例年に比べて桜の開花がオソかった。（遅）

23 気温が高いので残飯をクサらせてしまった。（腐）

24 マコトを尽くして話せば信じてもらえる。（誠）

25 昨夜はナヤみ事があってあまり眠れなかった。（悩）

総まとめ 第1回

／200

(一) 次の——線の**読み**を**ひらがな**で記せ。 (30) 1×30

1 あまりの美しさに感嘆する。（　）
2 河川敷を利用して野球をする。（　）
3 勝負は一瞬にしてついた。（　）
4 都市開発に巨費が投じられた。（　）
5 現地を踏査することになった。（　）
6 「一」の代わりに「壱」を使う。（　）
7 皇太子殿下が公務を行う。（　）
8 友だちに恋人を紹介する。（　）
9 パーティーで祝杯をあげる。（　）
10 実家は製菓業を営んでいる。（　）
11 現地からの詳報を待っている。（　）
12 大学で生物学を専攻する。（　）
13 丹精して作った野菜です。（　）
14 慎重に事を運んだ。（　）
15 恒例の感謝祭が開かれた。（　）
16 苦痛のために叫号する。（　）
17 国宝の仏塔を拝観する。（　）
18 汽笛の吹鳴を聞く。（　）
19 田舎から白桃が送られてきた。（　）

20 代替案を考える。（　　）

21 紫色のかばんを買った。（　　）

22 商売で財産を殖やした人だ。（　　）

23 山の空気は澄み切っていた。（　　）

24 淡い朝の光を浴びている。（　　）

25 この薬品は水に溶ける。（　　）

26 上流ほど川幅が狭まる。（　　）

27 工事で水道から濁り水が出た。（　　）

28 夏には草木がよく茂る。（　　）

29 台風で大きな痛手を被る。（　　）

30 平和の大切さを皆に訴える。（　　）

(二) 次の――線のカタカナにあてはまる漢字をそれぞれのア〜オから選び、記号を〔　〕に記入せよ。 (30) 2×15

1 外国に大使を派ケンする。〔　〕

2 首都ケンに人口が集中している。〔　〕

3 角から四ケン目が私の家だ。〔　〕

（ア険　イ遣　ウ軒　エ圏　オ権）

4 会場にピアノをハン送する。〔　〕

5 魚をハン売する店が多い。〔　〕

6 盗みのハン人を取り押さえた。〔　〕

（ア犯　イ搬　ウ般　エ販　オ判）

7 現状をイ持していくのが最善だ。（　）
8 イ地を通せばきゅうくつだ。（　）
9 原料の多くを外国にイ存している。（　）
（ア意　イ医　ウ為　エ維　オ依）

10 出版社に原コウを届ける。（　）
11 コウ球をねらって打って出た。（　）
12 予想以上のコウ果があった。（　）
（ア効　イ香　ウ公　エ好　オ稿）

13 夜がアけたら出発する。（　）
14 席をアけておいてください。（　）
15 窓をアけたまま出かけた。（　）
（ア空　イ挙　ウ明　エ開　オ上）

（三）次の1～5の三つの□に共通する漢字を入れて熟語を作れ。漢字はア～コから選び、記号を（　）に記入せよ。 (10) 2×5

1 □密・□蔵・神□（　）
2 用□・□中・□端（　）
3 指□・□発・□要（　）
4 実□・近□・不□（　）
5 □破・□撃・□弾（　）

ア容　イ業　ウ秘　エ摘　オ途
カ況　キ適　ク御　ケ動　コ爆

(四)

熟語の構成のしかたには次のようなものがある。

(20) 2×10

ア　同じような意味の漢字を重ねたもの　（**岩石**）

イ　反対または対応の意味を表す字を重ねたもの　（**高低**）

ウ　上の字が下の字を修飾しているもの　（**洋画**）

エ　下の字が上の字の目的語・補語になっているもの　（**着席**）

オ　上の字が下の字の意味を打ち消しているもの　（**非常**）

次の**熟語**は上の**ア**～**オ**のどれにあたるか、**一つ**選び、**記号**を（　）に記入せよ。

1 噴火（　）

2 歓喜（　）

3 壁画（　）

4 遅速（　）

5 脱皮（　）

6 半熟（　）

7 不沈（　）

8 単独（　）

9 陰陽（　）

10 薄氷（　）

(五) 次の漢字の**部首**を**ア〜エ**から選び、**記号**を〔 〕に記入せよ。 (10) 1×10

1 壊（ア 𡈽 イ 十 ウ 罒 エ 衣）〔 〕

2 傾（ア ヒ イ 亻 ウ 頁 エ 八）〔 〕

3 歴（ア 厂 イ 木 ウ 止 エ ト）〔 〕

4 畳（ア 冖 イ 目 ウ 一 エ 田）〔 〕

5 煮（ア 土 イ 耂 ウ 灬 エ 日）〔 〕

6 尋（ア 口 イ 寸 ウ エ エ 一）〔 〕

7 蒸（ア 艹 イ 灬 ウ 亅 エ 水）〔 〕

8 扇（ア 一 イ 尸 ウ 羽 エ 戸）〔 〕

9 賦（ア 二 イ 止 ウ 貝 エ 弋）〔 〕

10 黙（ア 黒 イ 灬 ウ 里 エ 犬）〔 〕

(六) 次の□内に入る適切な語を、後の□の中から選んで漢字に直して( )に記入し、**対義語・類義語**を作れ。 (20) 2×10

対義語

1 供給―□要( )
2 縮小―□大( )
3 結束―□反( )
4 任意―強□( )
5 故意―□失( )

類義語

6 思案―考□( )
7 興奮―熱□( )
8 敗走―退□( )
9 助力―支□( )
10 健康―□夫( )

えん・か・かく・きゃく・きょう・じゅ・じょう・せい・り・りょ

(七) 次の――線の**カタカナ**の部分を**漢字**と**送りがな(ひらがな)**に直せ。 (10) 2×5

〈例〉問題に**コタエル**。(答える)

1 他に影響を**オヨボサ**ないように心がける。( )
2 あの池の水の上に小さなささ舟を**ウカベ**よう。( )
3 数秒の差で危機を**ノガレル**ことができた。( )
4 大変寒かったので温かいものが**ホシク**なった。( )
5 大自然に**フレル**機会をできるだけ多く持つ。( )

(八) 次の――線のカタカナを漢字に直して( )に記入し、文中の四字熟語を完成させよ。 (20) 2×10

1 美辞レイ句を並べたあいさつだ。( )
2 兄のハク覧強記には感心する。( )
3 率先垂ハンが私のモットーです。( )
4 試験に合格して得意マン面だ。( )
5 事実無コンのうわさが立った。( )
6 事故にはリン機応変に対処せよ。( )
7 その事件の真相は五里ム中だ。( )
8 新進気エイの人が課長になった。( )
9 主張が二律ハイ反し混乱した。( )
10 無味カン燥の議論に疲れる。( )

(九) 次の各文にまちがって使われている同じ読みの漢字が一字ある。上の( )に誤字を、下の〔 〕に正しい漢字を記せ。 (10) 2×5

	誤	正
1 柔横無尽の大活躍で最優秀選手に選ばれた。	( )	〔 〕
2 合成樹旨で作られた容器で水をくむ。	( )	〔 〕
3 妙技に満場の観客は大きな泊手を送った。	( )	〔 〕
4 安全な場所へ大急ぎで非難した。	( )	〔 〕
5 提防の付近を犬を連れて散歩した。	( )	〔 〕

(十) 次の——線のカタカナを漢字に直せ。

(40) 2×20

1 兵士がメイサイ服を着ている。（　）
2 会社ではキュウセイを名乗る。（　）
3 両者の論争をボウカンする。（　）
4 それはヒレンの物語である。（　）
5 演技にはキハクがこもっていた。（　）
6 大自然のモウイを感じる。（　）
7 注文の電話がサットウした。（　）
8 ガンチクのある言葉だ。（　）
9 内部コウソウに巻き込まれる。（　）
10 絵を描いてヨカを過ごしている。（　）
11 父も兄もメガネをかけている。（　）
12 水不足で庭の樹木がカれた。（　）
13 鳥がツバサを広げて舞い上がる。（　）
14 ミガルな服装で参加する。（　）
15 ナマリイロの雲が広がっている。（　）
16 オニが登場する物語だ。（　）
17 針が指にサさってしまった。（　）
18 持久走で選手の一人がタオれた。（　）
19 貴重品をヌスまれた。（　）
20 当選後、内閣の要職にツいた。（　）

総まとめ

第2回

／200

(一) 次の――線の**読み**を**ひらがな**で記せ。

(30) 1×30

1 山の斜面を生かして田を作る。（　）

2 生産力が飛躍的に向上した。（　）

3 今にも降り出しそうな曇天だ。（　）

4 助けを求める無線を傍受した。（　）

5 汚濁した川の水質を調べる。（　）

6 文中には二箇所の誤りがある。（　）

7 要旨を百字以内でまとめる。（　）

8 夏草が辺り一面に繁茂する。（　）

9 ガイドの引率で館内をめぐる。（　）

10 自分のできる範囲で努力する。（　）

11 不法行為により処罰された。（　）

12 段丘が生んだブドウ畑だ。（　）

13 専門家の監修を受けた。（　）

14 冬の富士山のながめは雄大だ。（　）

15 急速に自然破壊が進んでいる。（　）

16 常に敏速な対応が必要である。（　）

17 人々から熱烈な支持を受けた。（　）

18 漢文の授業で唐詩を学ぶ。（　）

19 領収書に「金弐千円」と書く。（　）

20 同じ年輩の人と知り合う。（　）
21 仁王が怖い顔をしている。（　）
22 里芋の葉は水をはじく。（　）
23 何を思い惑ったのだろうか。（　）
24 ゴールを一気に駆けぬけた。（　）
25 小正月は小豆がゆで祝う。（　）
26 川底が透き通って見える。（　）
27 あまりの惨事に目を背ける。（　）
28 数年ぶりの再会に話が弾む。（　）
29 もっと詳しく説明してほしい。（　）
30 休日に沢歩きを楽しむ。（　）

（二） 次の——線のカタカナにあてはまる漢字をそれぞれのア～オから選び、記号を〔　〕に記入せよ。 (30) 2×15

1 急いで救エン物資を届ける。〔　〕
2 赤エン筆で記号を囲んでください。〔　〕
3 すばらしいエン技を見せた。〔　〕
（ア塩　イ演　ウ援　エ遠　オ鉛）

4 新センな野菜を食べよう。〔　〕
5 週末に温セン旅行に出かける。〔　〕
6 人気を独センしているアニメだ。〔　〕
（ア扇　イ占　ウ戦　エ鮮　オ泉）

7 クラシック音楽をカン賞する。 （　　）
8 カン傷に浸る年ごろだ。 （　　）
9 水族館で熱帯魚をカン賞する。 （　　）
（ア 感　イ 勧　ウ 観　エ 看　オ 鑑）

10 冷タンな対応に腹を立てる。 （　　）
11 タン正な文字を書く人だ。 （　　）
12 一点差で敗れタン声がもれた。 （　　）
（ア 単　イ 嘆　ウ 淡　エ 端　オ 丹）

13 強盗事件の犯人をトらえた。 （　　）
14 今回は君の意見をトり入れよう。 （　　）
15 父は役所で事務をトっている。 （　　）
（ア 跳　イ 捕　ウ 執　エ 止　オ 採）

(三) 次の**1**～**5**の三つの□に**共通する漢字**を入れて**熟語**を作れ。漢字は**ア～コ**から選び、**記号**を（　）に記入せよ。 (10) 2×5

1 □角・接□・感□ （　　）
2 不□・□動・□幅 （　　）
3 □中・制□・防□ （　　）
4 許□・□易・内□ （　　）
5 絶□・□案・奇□ （　　）

ア 容	イ 対	ウ 振	エ 内	オ 触
カ 御	キ 方	ク 妙	ケ 鎖	コ 入

(四)

熟語の構成のしかたには次のようなものがある。

(20) 2×10

ア　同じような意味の漢字を重ねたもの　（**岩石**）
イ　反対または対応の意味を表す字を重ねたもの　（**高低**）
ウ　上の字が下の字を修飾しているもの　（**洋画**）
エ　下の字が上の字の目的語・補語になっているもの　（**着席**）
オ　上の字が下の字の意味を打ち消しているもの　（**非常**）

次の**熟語**は上の**ア**～**オ**のどれにあたるか、**一つ**選び、**記号**を（　）に記入せよ。

1 休暇（　）
2 発砲（　）
3 雅俗（　）
4 粒状（　）
5 強豪（　）
6 依頼（　）
7 納税（　）
8 不問（　）
9 加減（　）
10 秘宝（　）

(五) 次の漢字の**部首**を**ア～エ**から選び、**記号**を〔　〕に記入せよ。 (10) 1×10

1 載 (ア 土　イ 車　ウ 戈　エ 十) 〔　〕

2 獣 (ア ⺍　イ 犬　ウ 田　エ 口) 〔　〕

3 鼓 (ア 鼓　イ 士　ウ 豆　エ 支) 〔　〕

4 撃 (ア 車　イ 手　ウ 殳　エ 亅) 〔　〕

5 療 (ア 大　イ 日　ウ 小　エ 疒) 〔　〕

6 戯 (ア 虍　イ 戈　ウ 一　エ ト) 〔　〕

7 彩 (ア ノ　イ 爫　ウ 彡　エ 木) 〔　〕

8 薪 (ア 斤　イ 立　ウ 艹　エ 木) 〔　〕

9 寂 (ア 宀　イ 丨　ウ ト　エ 小) 〔　〕

10 雌 (ア 匕　イ 止　ウ 比　エ 隹) 〔　〕

(六) 次の□内に入る適切な語を、後の□の中から選んで漢字に直して（　）に記入し、**対義語・類義語**を作れ。 (20) 2×10

対義語

1 保守—□新（　）
2 短縮—□長（　）
3 直面—回□（　）
4 幼年—老□（　）
5 経度—□度（　）

類義語

6 弁解—□明（　）
7 推量—□測（　）
8 筋道—脈□（　）
9 不在—留□（　）
10 激賞—絶□（　）

い・えん・おく・かく・さん・しゃく・す・ひ・らく・れい

(七) 次の——線の**カタカナ**の部分を**漢字**と**送りがな（ひらがな）**に直せ。 (10) 2×5

〈例〉 問題にコタエル。（答える）

1 なかなか同意が得られないので言葉をツクシて説得した。（　）
2 この度の過失を反省して自らをイマシメルことにしたい。（　）
3 彼女は何事にもツツシミ深い人だ。（　）
4 人生の問題でナヤンでいる人は多いようだ。（　）
5 簡単そうに思えるがこの問題の解決はムズカシイ。（　）

(八) 次の――線のカタカナを漢字に直して（　）に記入し、文中の四字熟語を完成させよ。 (20) 2×10

1 コウ久平和を切に願う。（　）
2 人セキ未踏の地へ出発する。（　）
3 危機一パツ、事故をまぬかれた。（　）
4 好機トウ来と勇んで出発した。（　）
5 公平ム私の態度で接する。（　）
6 タン刀直入に質問した。（　）
7 他人の説に付和ライ同する人だ。（　）
8 優ジュウ不断な性格を直したい。（　）
9 ゼ非曲直が明白になる。（　）
10 その申し入れは本末転トウだ。（　）

(九) 次の各文にまちがって使われている同じ読みの漢字が一字ある。上の（　）に誤字を、下の〔　〕に正しい漢字を記せ。 (10) 2×5

	誤	正
1 試験に合格したという郎報が入った。	（　）	〔　〕
2 観迎式典の後、記念植樹が行われた。	（　）	〔　〕
3 日本は食文化の多様性では世界掘指だ。	（　）	〔　〕
4 家族に中学時代の同級生を招介する。	（　）	〔　〕
5 船を使って海外へ自動車を運般する。	（　）	〔　〕

(十) 次の――線の**カタカナ**を**漢字**に直せ。 (40) 2×20

1 連続優勝の**エイヨ**に輝く。

2 いきなり**ドゴウ**を浴びせられる。

3 **クウラン**に適当な言葉を補う。

4 せっせと**チョチク**にはげむ。

5 風景**ビョウシャ**に優れた画家だ。

6 健康のご回復を**キネン**します。

7 交通**イハン**を厳しく取りしまる。

8 祖先が**カイタク**した土地だ。

9 **コダイ**広告を禁止する。

10 祝賀会は**セイキョウ**であった。

11 二年ぶりに母校を**オトズ**れた。

12 深夜の電話に**ムナサワ**ぎがした。

13 部屋を花でにぎやかに**カザ**る。

14 両手に大きな荷物を**カカ**える。

15 劇場に**シバイ**を見に行く。

16 茶の新芽を一つずつ指先で**ツ**む。

17 草の葉が**ヨツユ**にぬれている。

18 **アヤマ**って済む事ではない。

19 手作業で公園の草を**カ**る。

20 肉料理には野菜を**ソ**える。

総まとめ 第3回

/200

(一) 次の——線の**読み**を**ひらがな**で記せ。 (30) 1×30

1 雑誌の連載小説を執筆する。（　）
2 うまく決定的瞬間をとらえた。（　）
3 前途に希望を持って進む。（　）
4 日本人はよく縁起をかつぐ。（　）
5 光の屈折の実験をした。（　）
6 毎日の練習で跳躍力をつけた。（　）
7 散漫な文章で読みにくい。（　）
8 この辺りは水稲耕作が盛んだ。（　）
9 多くの高山を征服した。（　）
10 食塩の水溶液を用意する。（　）
11 玄米は健康によいそうだ。（　）
12 身体検査で胴回りを測った。（　）
13 無事を知り、感涙にむせんだ。（　）
14 威儀を正して神事にのぞむ。（　）
15 大抵のことは一人でできる。（　）
16 受験要項をていねいに読む。（　）
17 手術後、抜糸の日が決まった。（　）
18 仕事で隠語を使っている。（　）
19 主人公に自分を投影する。（　）

20 サウナで発汗をうながす。（　）

21 天を仰いで残念がる。（　）

22 部屋中に笑い声が響く。（　）

23 庭の芝生の手入れをする。（　）

24 ソファーに身を沈める。（　）

25 石橋をたたいて渡る。（　）

26 新年を迎える準備をする。（　）

27 実績から推して当選は確実だ。（　）

28 昔の名残をとどめる古城だ。（　）

29 友情に報いることができた。（　）

30 すばらしい器に料理を盛る。（　）

(二) 次の――線の**カタカナ**にあてはまる漢字をそれぞれの**ア～オ**から選び、**記号**を（　）に記入せよ。

(30) 2×15

1 雑誌のソウ刊号を集めている。（　）

2 チームのソウ意で決めよう。（　）

3 建築にはソウ音対策が必要だ。（　）

（ア操　イ創　ウ総　エ装　オ騒）

4 臨時国会をショウ集する。（　）

5 博士のショウ号を授けられた。（　）

6 一部をショウ略して解説する。（　）

（ア賞　イ称　ウ省　エ召　オ詳）

7 路ボウの仏像に花を供える。（　）

8 ボウ頭からおもしろい話が続く。（　）

9 脂ボウのとりすぎは健康に悪い。（　）

（ア傍　イ望　ウ防　エ冒　オ亡）

10 暑さ寒さもヒ岸までといわれる。（　）

11 家に是ヒ遊びに来てください。（　）

12 本会議に上程したがヒ決された。（　）

（ア否　イ避　ウ比　エ非　オ彼）

13 矛盾をツく発言だった。（　）

14 会場で指定の席にツいた。（　）

15 どろが服にツいた。（　）

（ア就　イ付　ウ突　エ次　オ着）

（三） 次の1～5の三つの□に共通する漢字を入れて熟語を作れ。漢字はア～コから選び、記号を（　）に記入せよ。 (10) 2×5

1 □感・鋭□・機□（　）

2 熱□・□風・強□（　）

3 元□・□器・□悪（　）

4 □国・連□・閉□（　）

5 □感・□才・□痛（　）

ア横	イ鈍	ウ振	エ意	オ大
カ烈	キ独	ク凶	ケ鎖	コ敏

(四) **熟語の構成**のしかたには次のようなものがある。 (20) 2×10

ア 同じような意味の漢字を重ねたもの (**岩石**)
イ 反対または対応の意味を表す字を重ねたもの (**高低**)
ウ 上の字が下の字を修飾しているもの (**洋画**)
エ 下の字が上の字の目的語・補語になっているもの (**着席**)
オ 上の字が下の字の意味を打ち消しているもの (**非常**)

次の**熟語**は上の**ア〜オ**のどれにあたるか、**一つ**選び、**記号**を( )に記入せよ。

1 不眠 ( )
2 舞踊 ( )
3 握手 ( )
4 優劣 ( )
5 雄姿 ( )
6 耐火 ( )
7 濃淡 ( )
8 再会 ( )
9 運搬 ( )
10 尾翼 ( )

(五) 次の漢字の**部首**を**ア〜エ**から選び、**記号**を〔 〕に記入せよ。

(10) 1×10

1 奥 (ア 大　イ ノ　ウ 冂　エ 米) 〔　〕

2 齢 (ア 止　イ 歯　ウ 人　エ 凵) 〔　〕

3 穀 (ア 殳　イ 士　ウ 禾　エ 冖) 〔　〕

4 腐 (ア 广　イ 亻　ウ 寸　エ 肉) 〔　〕

5 幾 (ア 幺　イ 人　ウ 弋　エ 戈) 〔　〕

6 薄 (ア 氵　イ 艹　ウ 丶　エ 寸) 〔　〕

7 盆 (ア 八　イ 刀　ウ 一　エ 皿) 〔　〕

8 夢 (ア 艹　イ 罒　ウ 夕　エ 冖) 〔　〕

9 繁 (ア 毋　イ 攵　ウ 糸　エ 小) 〔　〕

10 率 (ア 亠　イ 玄　ウ 幺　エ 十) 〔　〕

(六) 次の□内に入る適切な語を、後の□の中から選んで漢字に直して( )に記入し、**対義語・類義語**を作れ。 (20) 2×10

対義語

1 早熟―□成( )
2 支配―□属( )
3 独立―□存( )
4 原告―□告( )
5 冷静―興□( )

類義語

6 同等―□敵( )
7 対照―比□( )
8 永遠―不□( )
9 細心―□念( )
10 文案―草□( )

い・かく・きゅう・こう・たん・ばん・ひ・ひっ・ふん・れい

(七) 次の――線の**カタカナ**の部分を**漢字**と**送りがな(ひらがな)**に直せ。 (10) 2×5

〈例〉問題に**コタエル**。(答える)

1 家族で旅行に出る日の朝、弟は**メズラシク**早起きした。( )
2 そろそろ小鳥にえさを**アタエル**時間だ。( )
3 このまま最下位に**アマンジル**ような選手ではない。( )
4 お菓子を五つずつ木箱に**ツメル**作業をする。( )
5 転んだところを大勢の人に見られて**ハズカシイ**。( )

(八) 次の——線の**カタカナ**を**漢字**に直して（　）に記入し、文中の**四字熟語**を完成させよ。 (20) 2×10

1 **理路セイ然**と内容を説明された。（　　）
2 成績は**現状イ持**が精一杯だ。（　　）
3 **意志ケン固**で決心はゆるがない。（　　）
4 害虫を**一モウ打尽**にする。（　　）
5 宿敵に**真ケン勝負**をいどむ。（　　）
6 新人の**一キョ一動**に注目する。（　　）
7 **和敬清ジャク**の精神を重んじる。（　　）
8 **リ合集散**を繰り返した。（　　）
9 **意味シン長**な発言に戸惑った。（　　）
10 **音ト朗々**と読み上げる。（　　）

(九) 次の各文にまちがって使われている**同じ読みの漢字**が**一字**ある。**上の（　）に誤字**を、**下の〔　〕に正しい漢字**を記せ。 (10) 2×5

	誤	正
1 クジラの補獲は世界各国で問題視されている。	（　）	〔　〕
2 隣国との境介線で戦闘が開始された。	（　）	〔　〕
3 大衆の好寄心を満足させる博物館がある。	（　）	〔　〕
4 空気がとても幹燥していて特別な注意が必要だ。	（　）	〔　〕
5 吹雪のため、列車が大幅に贈れて着いた。	（　）	〔　〕

(十) 次の――線のカタカナを漢字に直せ。 (40) 2×20

1 海水で岩石がシンショクされる。 (　　)
2 さまざまな宗派のソウが集まる。 (　　)
3 両親からオンケイを受ける。 (　　)
4 北アルプスのトウハに成功した。 (　　)
5 お世辞で相手のカンシンを買う。 (　　)
6 悪のオンショウにしたくない。 (　　)
7 世界的に有名なヘキガを訪ねる。 (　　)
8 幼児をユウギ室へ連れていく。 (　　)
9 飛行機が領空をシンパンした。 (　　)
10 男女ケンヨウサイズの服を買う。 (　　)
11 弟は百貨店でマイゴになった。 (　　)
12 トまりがけの旅行をした。 (　　)
13 投手は普段からカタをいたわる。 (　　)
14 空は一点のカゲりもない。 (　　)
15 異国的なオモムキのある街だ。 (　　)
16 大輪のヒマワリがサいている。 (　　)
17 アザやかな受け答えをする。 (　　)
18 一党で過半数をシめる。 (　　)
19 あまりに寒くて体がフルえた。 (　　)
20 仕事に遊びにイソガしい毎日だ。 (　　)

総まとめ 第1回 標準解答

(一) 読み (30)

1	2	3	4	5	6	7	8	9	10
かんたん	かせん	いっしゅん	きょひ	とうさ	いち	でんか	しょうかい	しゅくはい	せいか

11	12	13	14	15	16	17	18	19	20
しょうほう	せんこう	たんせい	しんちょう	こうれい	きょうごう	ぶっとう	すいめい	はくとう	だいたい

21	22	23	24	25	26	27	28	29	30
むらさき	ふ	す	あわ	と	せば	にご	しげ	こうむ	うった

(二) 同音・同訓異字 (30)

1	2	3	4	5	6	7	8	9	10	11	12	13	14	15
イ	エ	ウ	イ	エ	ア	エ	ア	オ	オ	エ	ア	ウ	ア	エ

(三) 漢字識別 (10)

1	2	3	4	5
ウ	オ	エ	カ	コ

(四) 熟語の構成 (20)

1	2	3	4	5	6	7	8	9	10
エ	ア	ウ	イ	エ	ウ	オ	ア	イ	ウ

(五) 部首 (10)

1	2	3	4	5	6
ア	イ	ウ	エ	ウ	イ

7	8	9	10
ア	エ	ウ	ア

(六) 対義語・類義語 (20)

1	2	3	4	5	6	7	8	9	10
需	拡	離	制	過	慮	狂	却	援	丈

(七) 漢字と送りがな (10)

1	2	3	4	5
及ぼさ	浮かべ	逃れる	欲しく	触れる

(八) 四字熟語 (20)

1	2	3	4	5	6	7	8	9	10
麗	博	範	満	根	臨	霧	鋭	背	乾

(九) 誤字訂正 (10)

	1	2	3	4	5
誤	柔	旨	泊	非	提
正	縦	脂	拍	避	堤

(十) 書き取り (40)

1	2	3	4	5	6	7	8	9	10
迷彩	旧姓	傍観	悲恋	気迫	猛威	殺到	含蓄	抗争	余暇

11	12	13	14	15	16	17	18	19	20
眼鏡	枯	翼	身軽	鉛色	鬼	刺	倒	盗	就

総まとめ 第2回 標準解答

(一) 読み (30)

1	しゃめん
2	ひやく
3	どんてん
4	ぼうじゅ
5	おだく
6	かしょ
7	ようし
8	はんも
9	いんそつ
10	はんい
11	しょばつ
12	だんきゅう
13	かんしゅう
14	ゆうだい
15	はかい
16	びんそく
17	ねつれつ
18	とうし
19	に
20	ねんぱい
21	こわ
22	さといも
23	まど
24	か
25	あずき
26	す
27	そむ
28	はず
29	くわ
30	さわ

(二) 同音・同訓異字 (30)

1	ウ
2	オ
3	イ
4	エ
5	オ
6	イ
7	オ
8	ア
9	ウ
10	ウ
11	エ
12	イ
13	イ
14	オ
15	ウ

(三) 漢字識別 (10)

1	オ
2	ウ
3	カ
4	ア
5	ク

(四) 熟語の構成 (20)

1	ア
2	エ
3	イ
4	ウ
5	ア
6	ア
7	エ
8	オ
9	イ
10	ウ

(五) 部首 (10)

1	イ
2	イ
3	ア
4	イ
5	エ
6	イ

7	8	9	10
ウ	ウ	ア	エ

(六) 対義語・類義語 (20)

1	2	3	4	5	6	7	8	9	10
革	延	避	齢	緯	釈	憶	絡	守	賛

(七) 漢字と送りがな (10)

1	2	3	4	5
尽くし	戒める	慎み	悩ん	難しい

(八) 四字熟語 (20)

1	2	3	4	5	6	7	8	9	10
恒	跡	髪	到	無	単	雷	柔	是	倒

(九) 誤字訂正 (10)

	1	2	3	4	5
誤	郎	観	掘	招	般
正	朗	歓	屈	紹	搬

(十) 書き取り (40)

1	2	3	4	5	6	7	8	9	10
栄誉	怒号	空欄	貯蓄	描写	祈念	違反	開拓	誇大	盛況

11	12	13	14	15	16	17	18	19	20
訪	胸騒	飾	抱	芝居	摘	夜露	謝	刈	添

総まとめ 第3回 標準解答

(一) 読み (30)

1	2	3	4	5	6	7	8	9	10	11	12	13	14	15
しっぴつ	しゅんかん	ぜんと	えんぎ	くっせつ	ちょうやく	さんまん	すいとう	せいふく	ようえき	げんまい	どう	かんるい	いぎ	たいてい

16	17	18	19	20	21	22	23	24	25	26	27	28	29	30
ようこう	ばっし	いんご	とうえい	はっかん	あお	ひび	しばふ	しず	わた	むか	お	なごり	むく	うつわ

(二) 同音・同訓異字 (30)

1	2	3	4	5	6	7	8	9	10	11	12	13	14	15
イ	ウ	オ	エ	イ	ウ	ア	エ	ウ	オ	エ	ア	ウ	オ	イ

(三) 漢字識別 (10)

1	2	3	4	5
コ	カ	ク	ケ	イ

(四) 熟語の構成 (20)

1	2	3	4	5	6	7	8	9	10
オ	ア	エ	イ	ウ	エ	イ	ウ	ア	ウ

(五) 部首 (10)

1	2	3	4	5	6
ア	イ	ウ	エ	ア	イ

(六) 対義語・類義語 (20)

1	2	3	4	5	6	7	8	9	10
晩	隷	依	被	奮	匹	較	朽	丹	稿

7	8	9	10
エ	ウ	ウ	イ

(七) 漢字と送りがな (10)

1	2	3	4	5
珍しく	与える	甘んじる	詰める	恥ずかしい

(八) 四字熟語 (20)

1	2	3	4	5	6	7	8
整	維	堅	網	剣	挙	寂	離

9	10
深	吐

(九) 誤字訂正 (10)

	1	2	3	4	5
誤	補	介	寄	幹	贈
正	捕	界	奇	乾	遅

(十) 書き取り (40)

1	2	3	4	5	6	7	8	9	10	11	12	13	14	15
浸食	僧	恩恵	踏破	歓心	温床	壁画	遊戯	侵犯	兼用	迷子	泊	肩	陰	趣

16	17	18	19	20
咲	鮮	占	震	忙

学年別漢字配当表

「小学校学習指導要領」（平成23年4月実施《じっし》）による

	ア	イ	ウ	エ	オ	カ	キ	ク	ケ
1年【10級】		一	右雨	円	王音	下火花貝学	気九休玉金	空	月犬見
2年【9級】		引	羽雲	園遠		何科夏家歌画回会海絵外角楽活間丸岩顔	汽記帰弓牛魚京強教近		兄形計元言原
3年【8級】	悪安暗	医委意育員院飲	運	泳駅	央横屋温	化荷界開階寒感漢館岸	起期客究急級宮球去橋業曲局銀	区苦具君	係軽血決研県
4年【7級】	愛案	以衣位囲胃印		英栄塩	億	加果貨課芽改械害街各覚完官管関観願	希季紀喜旗器機議求泣救給挙漁共協鏡競極	訓軍郡	径型景芸欠結建健験
5年【6級】	圧	移因		永営衛易益液演	応往桜恩	可仮価河過賀快解格確額刊幹慣眼	基寄規技義逆久旧居許境均禁	句群	経潔件券険検限現減
6年【5級】		異遺域	宇	映延沿		我灰拡革閣割株干巻看簡	危机揮貴疑吸供胸郷勤筋		系敬警劇激穴絹権憲源厳

	コ	サ	シ	ス	セ	ソ
1年【10級】	五口校	左三山	子四糸字耳七車手十出女小上森人	水	正生青夕石赤千川先	早草足村
2年【9級】	戸古午後語工公広交光考行高黄合谷国黒今	才細作算	止市矢姉思紙寺自時室社弱首秋週春書少場色食心新親	図数	西声星晴切雪船線前	組走
3年【8級】	庫湖向幸港号根	祭皿	仕死使始指歯詩次事持式実写者主守取酒受州拾終習集住重宿所暑助昭消商章勝乗植申身神真深進		世整昔全	相送想息速族
4年【7級】	固功好候航康告	差菜最材昨札刷殺察参産散残	士氏史司試児治辞失借種周祝順初松笑唱焼象照賞臣信		成省清静席積折節説浅戦選然	争倉巣束側続卒孫
5年【6級】	故個護効厚耕鉱構興講混	査再災妻採際在財罪雑酸賛	支志枝師資飼示似識質舎謝授修述術準序招承証条状常情織職		制性政勢精製税責績接設舌絶銭	祖素総造像増則測属率損
6年【5級】	己呼誤后孝皇紅降鋼刻穀骨困	砂座済裁策冊蚕	至私姿視詞誌磁射捨尺若樹収宗就衆従縦縮熟純処署諸除将傷障城蒸針仁	垂推寸	盛聖誠宣専泉洗染善	奏窓創装層操蔵臓存尊

	タ	チ	ツ	テ	ト	ナ	ニ	ネ	ノ	ハ	ヒ	フ	ヘ
1年【10級】	大男	竹中虫町		天田	土		二日入	年		白八	百	文	
2年【9級】	多太体台	地池知茶昼長鳥朝直	通	弟店点電	刀冬当東答頭同道読	内南	肉			馬売買麦半番		父風分聞	米
3年【8級】	他打対待代第題炭短談	着注柱丁帳調	追	定庭笛鉄転	都度投豆島湯登等動童				農	波配倍箱畑発反坂板	皮悲美鼻筆氷表秒病品	負部服福物	平返勉
4年【7級】	帯隊達単	置仲貯兆腸		低底停的典伝	徒努灯堂働特得毒			熱念		敗梅博飯	飛費必票標	不夫付府副粉	兵別辺変便
5年【6級】	退貸態団断	築張		提程適敵	統銅導徳独		任	燃	能	破犯判版	比肥非備俵評貧	布婦富武復複仏	編弁
6年【5級】	宅担探誕段暖	値宙忠著庁頂潮賃	痛	展	討党糖届	難	乳認		納脳	派拝背肺俳班晩	否批秘	腹奮	並陛閉片

	ホ	マ	ミ	ム	メ	モ	ヤ	ユ	ヨ	ラ	リ	ル	レ	ロ	ワ	学年字数	累計字数
1年【10級】	木本				名	目					立力林			六		八〇字	八〇字
2年【9級】	歩母方北	毎妹万			明鳴	毛門	夜野	友	用曜	来	里理				話	一六〇字	二四〇字
3年【8級】	放		味		命面	問	役薬	由油有遊	予羊洋葉陽様	落	流旅両緑		礼列練	路	和	二〇〇字	四四〇字
4年【7級】	包法望牧	末満	未脈民	無			約	勇	要養浴		利陸良料量輪	類	令冷例歴連	老労録		二〇〇字	六四〇字
5年【6級】	保墓報豊防貿暴			務夢	迷綿			輸	余預容		略留領					一八五字	八二五字
6年【5級】	補暮宝訪亡忘棒	枚幕	密		盟	模	訳	郵優	幼欲翌	乱卵覧	裏律臨			朗論		一八一字	一〇〇六字

「漢検」級別漢字表

（小学校学年別配当漢字を除く一一三〇字）

	ア	イ	ウ	エ	オ	カ	キ	ク	ケ
4級	握扱	依威為偉違維緯壱芋陰隠		影鋭越援煙鉛縁	汚押奥憶	菓暇箇雅介戒皆壊較獲刈甘汗乾勧歓監環鑑含	奇祈鬼幾輝儀戯詰却脚及丘朽巨拠距御凶叫狂況狭恐響驚仰	駆屈掘繰	恵傾継迎撃肩兼剣軒圏堅遣玄
3級	哀	慰		詠悦閲炎宴	欧殴乙卸穏	佳架華嫁餓怪悔塊慨該概郭隔穫岳掛滑肝冠勘貫喚換敢緩	企岐忌軌既棋棄騎欺犠菊吉喫虐虚峡脅凝斤緊	愚偶遇	刑契啓掲携憩鶏鯨倹賢幻
準2級	亜	尉逸姻韻	畝浦	疫謁猿	凹翁虞	渦禍靴寡稼蚊拐懐劾涯垣核殻嚇潟括喝渇褐轄且缶陥患堪棺款閑寛憾還艦頑	飢宜偽擬糾窮拒享挟恭矯暁菌琴謹襟吟	隅勲薫	茎渓蛍慶傑嫌献謙繭顕懸弦
2級	挨曖宛嵐	畏萎椅彙茨咽淫	唄鬱	怨媛艶	旺岡臆俺	苛牙瓦楷潰諧崖蓋骸柿顎葛釜鎌韓玩	伎亀毀畿臼嗅巾僅錦	惧串窟熊	詣憬稽隙桁拳鍵舷

	コ	サ	シ	ス	セ	ソ	タ	チ
4級	枯誇鼓互抗攻更恒荒香項稿豪込婚	鎖彩歳載剤咲惨	旨伺刺脂紫雌執芝斜煮釈寂朱狩趣需舟秀襲柔獣瞬旬巡盾召床沼称紹詳丈畳殖飾触侵振浸寝慎震薪尽陣尋	吹	是井姓征跡占扇鮮	訴僧燥騒贈即俗	耐替沢拓濁脱丹淡嘆端弾	恥致遅蓄沖跳徴澄沈珍
3級	孤弧雇顧娯悟孔巧甲坑拘郊控慌硬絞綱酵克獄恨紺魂墾	債催削搾錯撮擦暫	祉施諮侍慈軸疾湿赦邪殊寿潤遵如徐匠昇掌晶焦衝鐘冗嬢錠譲嘱辱伸辛審	炊粋衰酔遂穂随髄	瀬牲婿請斥隻惜籍摂潜繕	阻措粗礎双桑掃葬遭憎促賊	怠胎袋逮滞滝択卓託諾奪胆鍛壇	稚畜窒抽鋳駐彫超聴陳鎮
準2級	呉碁江肯侯洪貢溝衡購拷剛酷昆懇	佐唆詐砕宰栽斎崎索酢桟傘	肢嗣賜滋璽漆遮蛇酌爵珠儒囚臭愁酬醜汁充渋銃叔淑粛塾俊准殉循庶緒叙升抄肖尚宵症祥渉訟硝粧詔奨彰償礁浄剰縄壌醸津唇娠紳診刃迅甚	帥睡枢崇据杉	斉逝誓析拙窃仙栓旋践遷薦繊禅漸	租疎塑壮荘捜挿曹喪槽霜藻	妥堕惰駄泰濯但棚	痴逐秩嫡衷弔挑眺釣懲勅朕
2級	股虎錮勾梗喉乞傲駒頃痕	沙挫采塞埼柵刹拶斬	恣摯餌鹿叱嫉腫呪袖羞蹴憧拭尻芯腎	須裾	凄醒脊戚煎羨腺詮箋膳	狙遡曽爽痩踪捉遜	汰唾堆戴誰旦綻	緻酎貼嘲捗

	ツ	テ	ト	ナ	ニ	ネ	ノ	ハ	ヒ	フ	ヘ	ホ	マ
4級		抵堤摘滴添殿	吐途渡奴怒到逃倒唐 桃透盗塔稲踏闘胴峠 突鈍曇		弐		悩濃	杯輩拍泊迫薄爆髪抜 罰般販搬範繁盤	彼疲被避尾微匹描浜 敏	怖浮普腐敷膚賦舞幅 払噴	柄壁	捕舗抱峰砲忙坊肪冒 傍帽凡盆	慢漫
3級	墜	帝訂締哲	斗塗凍陶痘匿篤豚		尿	粘		婆排陪縛伐帆伴畔藩 蛮	卑碑泌姫漂苗	赴符封伏覆紛墳	癖	募慕簿芳邦奉胞倣崩 飽縫乏妨房某膨謀墨 没翻	魔埋膜又
準2級	塚漬坪	呈廷邸亭貞逓偵艇泥 迭徹撤	悼搭棟筒謄騰洞督凸 屯	軟	尼妊忍	寧		把覇廃培媒賠伯舶漠 肌鉢閥煩頒	妃披扉罷猫賓頻瓶	扶附譜侮沸雰憤	丙併塀幣弊偏遍	泡俸褒剖紡朴僕撲堀 奔	麻摩磨抹
2級	椎爪鶴	諦溺塡	妬賭藤瞳栃頓貪丼	那奈梨謎鍋	匂虹	捻		罵剝箸氾汎阪斑	眉膝肘	阜訃	蔽餅璧蔑	哺蜂貌頬睦勃	昧枕

	ミ	ム	メ	モ	ヤ	ユ	ヨ	ラ	リ	ル	レ	ロ	ワ	計		累計《るいけい》
4級	妙眠	矛霧娘		茂猛網黙紋	躍	雄	与誉溶腰踊謡翼	雷頼絡欄	離粒慮療隣	涙	隷齢麗暦劣烈恋	露郎	惑腕	三一六字	五級まで 一〇〇六字（学習漢字）	一三二二字
3級	魅		滅免			幽誘憂	揚揺擁抑	裸濫	吏隆了猟陵糧厘		励零霊裂廉錬	炉浪廊楼漏	湾	二八五字	四級まで 一三二二字	一六〇七字
準2級	岬		銘	妄盲耗	厄	愉諭癒唯悠猶裕融	庸窯	羅酪	痢履柳竜硫虜涼僚寮倫	累塁	戻鈴		賄枠	三三三字	三級まで 一六〇七字	一九四〇字
2級	蜜		冥麺		冶弥闇	喩湧	妖瘍沃	拉辣藍	璃慄侶瞭	瑠		呂賂弄籠麓	脇	一九六字	準二級まで 一九四〇字	二一三六字

常用漢字表 付表（熟字訓・当て字 一一六語）

※小学校・中学校・高等学校のどの時点で学習するかの割り振りを示しました。

漢字	読み	小	中	高
明日	あす	○		
小豆	あずき		○	
海女・海士	**あま**			○
硫黄	いおう		○	
意気地	いくじ		○	
田舎	いなか		○	
息吹	**いぶき**			○
海原	うなばら		○	
乳母	うば		○	
浮気	**うわき**			○
浮つく	うわつく		○	
笑顔	えがお		○	
叔父・伯父	おじ		○	
大人	おとな	○		
乙女	おとめ		○	
叔母・伯母	おば		○	
お巡りさん	おまわりさん		○	
お神酒	**おみき**			○
母屋・母家	**おもや**			○
母さん	かあさん	○		
神楽	**かぐら**			○
河岸	**かし**			○
鍛冶	かじ		○	
風邪	かぜ		○	
固唾	かたず		○	
仮名	かな		○	
蚊帳	**かや**			○
為替	かわせ		○	
河原・川原	かわら	○		
昨日	きのう	○		
今日	きょう	○		
果物	くだもの	○		
玄人	**くろうと**			○
今朝	けさ	○		
景色	けしき	○		
心地	ここち		○	

漢字	読み	小	中	高
居士	**こじ**			○
今年	ことし	○		
早乙女	さおとめ		○	
雑魚	**ざこ**			○
桟敷	**さじき**			○
差し支える	さしつかえる		○	
五月	さつき		○	
早苗	さなえ		○	
五月雨	さみだれ		○	
時雨	しぐれ		○	
尻尾	しっぽ		○	
竹刀	しない		○	
老舗	しにせ		○	
芝生	しばふ		○	
清水	しみず	○		
三味線	しゃみせん		○	
砂利	じゃり		○	
数珠	**じゅず**			○
上手	じょうず	○		
白髪	しらが		○	
素人	**しろうと**			○
師走	**しわす(しはす)**			○
数寄屋・数奇屋	**すきや**			○
相撲	すもう		○	
草履	ぞうり		○	
山車	**だし**			○
太刀	たち		○	
立ち退く	たちのく		○	
七夕	たなばた	○		
足袋	たび		○	
稚児	**ちご**			○
一日	ついたち	○		
築山	**つきやま**			○
梅雨	つゆ		○	
凸凹	でこぼこ		○	
手伝う	てつだう	○		
伝馬船	**てんません**			○
投網	**とあみ**			○
父さん	とうさん	○		
十重二十重	**とえはたえ**			○

漢字	読み	小	中	高
読経	**どきょう**			○
時計	とけい	○		
友達	ともだち	○		
仲人	**なこうど**			○
名残	なごり		○	
雪崩	なだれ		○	
兄さん	にいさん	○		
姉さん	ねえさん	○		
野良	**のら**			○
祝詞	**のりと**			○
博士	はかせ	○		
二十・二十歳	はたち		○	
二十日	はつか	○		
波止場	はとば		○	
一人	ひとり	○		
日和	ひより		○	
二人	ふたり	○		
二日	ふつか	○		
吹雪	ふぶき		○	
下手	へた	○		
部屋	へや	○		
迷子	まいご	○		
真面目	まじめ	○		
真っ赤	まっか	○		
真っ青	まっさお	○		
土産	みやげ		○	
息子	むすこ		○	
眼鏡	めがね	○		
猛者	**もさ**			○
紅葉	もみじ		○	
木綿	もめん		○	
最寄り	もより		○	
八百長	**やおちょう**			○
八百屋	やおや	○		
大和	やまと		○	
弥生	やよい		○	
浴衣	**ゆかた**			○
行方	ゆくえ		○	
寄席	**よせ**			○
若人	わこうど		○	

二とおりの読み

↓のようにも読める。

語	読み		別の読み
遺言	ユイゴン	↓	イゴン
奥義	オウギ	↓	おくギ
堪能	カンノウ	↓	タンノウ
吉日	キチジツ	↓	キツジツ
兄弟	キョウダイ	↓	ケイテイ
甲板	カンパン	↓	コウハン
合点	ガッテン	↓	ガテン
昆布	コンブ	↓	コブ
紺屋	コンや	↓	コウや
詩歌	シカ	↓	シイカ
七日	なのか	↓	なぬか
老若	ロウニャク	↓	ロウジャク
寂然	セキゼン	↓	ジャクネン
法主	ホッス	↓	ホウシュ ホッシュ
十	ジッ	↓	ジュッ
情緒	ジョウチョ	↓	ジョウショ
憧憬	ショウケイ	↓	ドウケイ
人数	ニンズ	↓	ニンズウ
寄贈	キソウ	↓	キゾウ
側	がわ	↓	かわ
唾	つば	↓	つばき
愛着	アイジャク	↓	アイチャク
執着	シュウジャク	↓	シュウチャク
貼付	チョウフ	↓	テンプ
難しい	むずかしい	↓	むつかしい
分泌	ブンピツ	↓	ブンピ
富貴	フウキ	↓	フッキ
文字	モンジ	↓	モジ
大望	タイモウ	↓	タイボウ
頬	ほお	↓	ほほ
末子	バッシ	↓	マッシ
末弟	バッテイ	↓	マッテイ
免れる	まぬかれる	↓	まぬがれる
妄言	ボウゲン	↓	モウゲン
面目	メンボク	↓	メンモク
問屋	とんや	↓	といや
礼拝	ライハイ	↓	レイハイ

「常用漢字表」(平成22年)本表備考欄による

注意すべき読み

「常用漢字表」（平成22年）本表備考欄による

三位一体	サンミイッタイ	反応	ハンノウ
従三位	ジュサンミ	順応	ジュンノウ
一羽	イチわ	観音	カンノン
三羽	サンば	安穏	アンノン
六羽	ロッぱ	天皇	テンノウ
春雨	はるさめ	身上	シンショウ シンジョウ （読み方により意味が違う）
小雨	こさめ		
霧雨	きりさめ		
因縁	インネン	一把	イチワ
親王	シンノウ	三把	サンバ
勤王	キンノウ	十把	ジッ（ジュッ）パ

部首一覧表

表の上には部首を画数順に配列し、下には漢字の中で占《し》める位置によって形が変化するものや特別な名称《めいしょう》を持つものを示す。

偏《へん》… 旁《つくり》… 冠《かんむり》… 脚《あし》… 垂《たれ》… 繞《にょう》… 構《かまえ》…

	部首		位置	名称
一画				
1	【一】	一		いち
2	【丨】	丨		ぼう、たてぼう
3	【丶】	丶		てん
4	【丿】	丿		の、はらいぼう
5	【乙】	乙		おつ
		乚		おつ
6	【亅】	亅		はねぼう
二画				
7	【二】	二		に
8	【亠】	亠		なべぶた、けいさんかんむり
9	【人】	人		ひと
		亻		にんべん
		𠆢		ひとやね
10	【入】	入		いる
11	【儿】	儿		ひとあし、にんにょう
12	【八】	八		はち
		ハ		は
13	【冂】	冂		どうがまえ、けいがまえ、まきがまえ
14	【冖】	冖		わかんむり
15	【冫】	冫		にすい
16	【几】	几		つくえ
17	【凵】	凵		うけばこ
18	【刀】	刀		かたな
		刂		りっとう
19	【力】	力		ちから
20	【勹】	勹		つつみがまえ
21	【匕】	匕		ひ
22	【匚】	匚		はこがまえ
23	【匸】	匸		かくしがまえ
24	【十】	十		じゅう
25	【卜】	卜		と、うらない
26	【卩】	卩		わりふ、ふしづくり
		㔾		わりふ、ふしづくり
27	【厂】	厂		がんだれ
28	【厶】	厶		む
29	【又】	又		また
三画				
30	【口】	口		くち
		口		くちへん
31	【囗】	囗		くにがまえ
32	【土】	土		つち
		土		つちへん
33	【士】	士		さむらい
34	【夂】	夂		すいにょう、ふゆがしら
35	【夕】	夕		た、ゆうべ
36	【大】	大		だい
37	【女】	女		おんな
		女		おんなへん
38	【子】	子		こ
		子		こへん
39	【宀】	宀		うかんむり
40	【寸】	寸		すん
41	【小】	小		しょう
		⺌		しょう
42	【尢】	尢		だいのまげあし
43	【尸】	尸		かばね、しかばね
44	【屮】	屮		てつ
45	【山】	山		やま
		山		やまへん
46	【川】	川		かわ
		巛		かわ
47	【工】	工		え、たくみ
		工		たくみへん
48	【己】	己		おのれ
49	【巾】	巾		はば
		巾		はばへん、きんべん
50	【干】	干		かん、いちじゅう
51	【幺】	幺		よう、いとがしら

番号	部首	形	名称
52	【广】	广	まだれ
53	【廴】	廴	えんにょう
54	【廾】	廾	こまぬき にじゅうあし
55	【弋】	弋	しきがまえ
56	【弓】	弓	ゆみ
		弓	ゆみへん
57	【彐】	彑	けいがしら
58	【彡】	彡	さんづくり
59	【彳】	彳	ぎょうにんべん
60	【⺍】	⺍	つかんむり

四画

忄→心　扌→手　氵→水　犭→犬　艹→艸　辶→辵　阝(右)→邑　阝(左)→阜

番号	部首	形	名称
61	【心】	心	こころ
		忄	りっしんべん
		⺗	したごころ
62	【戈】	戈	ほこづくり ほこがまえ
63	【戸】	戸	と
		戸	とだれ とかんむり
64	【手】	手	て
		扌	てへん
65	【支】	支	し
66	【攴】	攵	のぶん ぼくづくり
67	【文】	文	ぶん
68	【斗】	斗	とます
69	【斤】	斤	きん
		斤	おのづくり
70	【方】	方	ほう
		方	ほうへん かたへん
71	【日】	日	ひ
		日	ひへん
72	【曰】	曰	ひらび いわく
73	【月】	月	つき
73	【月】	月	つきへん
74	【木】	木	き
		木	きへん
75	【欠】	欠	あくび かける
76	【止】	止	とめる
77	【歹】	歹	かばねへん いちたへん がつへん
78	【殳】	殳	るまた ほこづくり
79	【毋】	毋	なかれ
80	【比】	比	ならびひ くらべる
81	【毛】	毛	け
82	【氏】	氏	うじ
83	【气】	气	きがまえ
84	【水】	水	みず
		氵	さんずい
		氺	したみず
85	【火】	火	ひ
		火	ひへん
85	【火】	灬	れんが れっか
86	【爪】	爪	つめ
		爫	つめかんむり つめがしら
87	【父】	父	ちち
88	【片】	片	かた
		片	かたへん
89	【牙】	牙	きば
90	【牛】	牛	うし
		牛	うしへん
91	【犬】	犬	いぬ
		犭	けものへん

五画

王・𤣩→玉　礻→示　耂→老　辶→辵

番号	部首	形	名称
92	【玄】	玄	げん
93	【玉】	玉	たま
		王	おう
93	【玉】	𤣩	おうへん たまへん
94	【瓦】	瓦	かわら
95	【甘】	甘	かん あまい
96	【生】	生	うまれる
97	【用】	用	もちいる
98	【田】	田	た
		田	たへん
99	【疋】	疋	ひき
		𤴔	ひきへん
100	【疒】	疒	やまいだれ
101	【癶】	癶	はつがしら
102	【白】	白	しろ
103	【皮】	皮	けがわ
104	【皿】	皿	さら
105	【目】	目	め
		目	めへん
106	【矛】	矛	ほこ

107	【矢】	矢	や
		矢	やへん
108	【旡】	旡	なし ぶ すでのつくり
109	【石】	石	いし
		石	いしへん
110	【示】	示	しめす
		ネ	しめすへん
111	【禾】	禾	のぎ
		禾	のぎへん
112	【穴】	穴	あな
		穴	あなかんむり
113	【立】	立	たつ
		立	たつへん
		氺→水　罒→网　衤→衣	
六画			
114	【竹】	竹	たけ
		⺮	たけかんむり
115	【米】	米	こめ
		米	こめへん
116	【糸】	糸	いと
		糸	いとへん
117	【缶】	缶	ほとぎ
118	【网】	罒	あみがしら あみめ よこめ
119	【羊】	羊	ひつじ
120	【羽】	羽	はね
121	【老】	耂	おいかんむり おいがしら
122	【而】	而	しかして しこうして
123	【耒】	耒	すきへん らいすき
124	【耳】	耳	みみ
		耳	みみへん
125	【聿】	聿	ふでづくり
126	【肉】	肉	にく
		月	にくづき
127	【自】	自	みずから
128	【至】	至	いたる
129	【臼】	臼	うす
130	【舌】	舌	した
131	【舟】	舟	ふね
		舟	ふねへん
132	【艮】	艮	ねづくり こんづくり
133	【色】	色	いろ
134	【艸】	艹	くさかんむり
135	【虍】	虍	とらがしら とらかんむり
136	【虫】	虫	むし
		虫	むしへん
137	【血】	血	ち
138	【行】	行	ぎょう
		行	ぎょうがまえ ゆきがまえ
139	【衣】	衣	ころも
		衤	ころもへん
140	【襾】	西	にし
		覀	おおいかんむり
七画			
141	【見】	見	みる
142	【臣】	臣	しん
143	【角】	角	かく つの
		角	つのへん
144	【言】	言	げん
		言	ごんべん
145	【谷】	谷	たに
146	【豆】	豆	まめ
147	【豕】	豕	ぶた いのこ
148	【豸】	豸	むじなへん
149	【貝】	貝	かい こがい
		貝	かいへん
150	【赤】	赤	あか
151	【走】	走	はしる
		走	そうにょう
152	【足】	足	あし
		𧾷	あしへん
153	【身】	身	み
154	【車】	車	くるま
		車	くるまへん
155	【辛】	辛	からい
156	【辰】	辰	しんのたつ
157	【辵】	辶	しんにょう しんにゅう
		⻌	しんにょう しんにゅう
158	【邑】	阝	おおざと
159	【酉】	酉	ひよみのとり
		酉	とりへん
160	【釆】	釆	のごめ
		釆	のごめへん
161	【里】	里	さと
		里	さとへん

※注「⻌」については「遡・遜」のみに適用。

番号	部首	形	名称
162	【舛】	舛	まいあし
163	【麦】	麦	むぎ
		麦	ばくにょう
八画			
164	【金】	金	かね
		金	かねへん
165	【長】	長	ながい
166	【門】	門	もん
		門	もんがまえ
167	【阜】	阜	おか
		阝	こざとへん
168	【隶】	隶	れいづくり
169	【隹】	隹	ふるとり
170	【雨】	雨	あめ
		⻗	あめかんむり
171	【青】	青	あお
172	【非】	非	あらず ひ
173	【斉】	斉	せい
		𩙿 ↓ 食	
九画			
174	【面】	面	めん
175	【革】	革	かくのかわ つくりがわ
		革	かわへん
176	【音】	音	おと
177	【頁】	頁	おおがい
178	【風】	風	かぜ
179	【飛】	飛	とぶ
180	【食】	食	しょく
		𩙿	しょくへん
		飠	しょくへん
181	【首】	首	くび
182	【香】	香	か かおり
十画			
183	【馬】	馬	うま
183	【馬】	馬	うまへん
184	【骨】	骨	ほね
		骨	ほねへん
185	【高】	高	たかい
186	【髟】	髟	かみがしら
187	【鬯】	鬯	ちょう
188	【鬼】	鬼	おに
		鬼	きにょう
189	【韋】	韋	なめしがわ
190	【竜】	竜	りゅう
十一画			
191	【魚】	魚	うお
		魚	うおへん
192	【鳥】	鳥	とり
193	【鹿】	鹿	しか
194	【麻】	麻	あさ
195	【黄】	黄	き
196	【黒】	黒	くろ
197	【亀】	亀	かめ
十二画			
198	【歯】	歯	は
		歯	はへん
十三画			
199	【鼓】	鼓	つづみ
十四画			
200	【鼻】	鼻	はな

※注「飠」については「餌・餅」のみに適用。

「漢検」受検の際の注意点

【字の書き方】

問題の答えは楷書《かいしょ》で大きくはっきり書きなさい。乱雑な字や続け字、また、行書体や草書体のようにくずした字は採点の対象とはしません。

特に漢字の書き取り問題では、答えの文字は教科書体をもとにして、はねるところ、とめるところなどもはっきり書きましょう。また、画数に注意して、一画一画を正しく、明確に書きなさい。

《例》

○熱 ×　○言 ×　○糸 ×

【字種・字体について】

(1)日本漢字能力検定2～10級においては、「常用漢字表」に示された字種で書きなさい。つまり、表外漢字（常用漢字表にない漢字）を用いると、正答とは認められません。

《例》

○交差点　×交叉点　（「叉」が表外漢字）
○寂しい　×淋しい　（「淋」が表外漢字）

(2)日本漢字能力検定2～10級においては、「常用漢字表」に示された字体で書きなさい。なお、「常用漢字表」に参考として示されている康熙《こうき》字典体など、旧字体と呼ばれているものを用いると、正答とは認められません。

《例》

○真 ×眞　○渉 ×涉　○飲 ×飮
○迫 ×迫　○弱 ×弱

(3)一部例外として、平成22年告示「常用漢字表」で追加された字種で、許容字体として認められているものや、その筆写文字と印刷文字との差が習慣の相違に基づくとみなせるものは正答と認めます。

《例》

餌→餌 と書いても可　遜→遜 と書いても可
葛→葛 と書いても可　溺→溺 と書いても可
箸→箸 と書いても可

注意
(3)において、どの漢字が当てはまるかなど、一字一字については、当協会発行図書（2級対応のもの）掲載《けいさい》の漢字表で確認してください。

4級 漢字表

「漢検」4級配当漢字316字

覚えておきたい熟語の読み方や部首が、赤色になっています。付録の赤シートを本の上に重ねて覚えましょう。

※漢字表の詳しい見方は、「本書の特長と使い方」（前から開いて3ページ目）をご覧ください。

（　）の中の数字は
後ろから開いた場合
のページ数を表して
います。

握

扌 てへん　12画

音 アク
訓 にぎ(る)

意味 つかむ・自分のものとする
語句 握手《あくしゅ》・握力《あくりょく》・一握《いちあく》・掌握《しょうあく》・把握《はあく》
用例 握手を求める。**握力**が強い。部下の心を**掌握**する。問題点を**把握**する。

扱

扌 てへん　6画

音 ―
訓 あつか(う)

意味 あつかう・とりはからう・もてなす
語句 扱《あつか》い方《かた》・扱《あつか》い品目《ひんもく》・客扱《きゃくあつか》い・取《と》り扱《あつか》い
用例 新機種の**扱い方**を習う。**扱い品目**をリストアップする。**客扱い**がうまい。

依

亻 にんべん　8画

音 イ、エ(高)
訓 ―

意味 たよる・もとのまま・よりどころにする
語句 依願《いがん》・依然《いぜん》・※依存《いそん》・依頼《いらい》・帰依《きえ》
用例 旧態**依然**とした生活。他人に**依存**する。仕事を**依頼**する。仏門に**帰依**する。

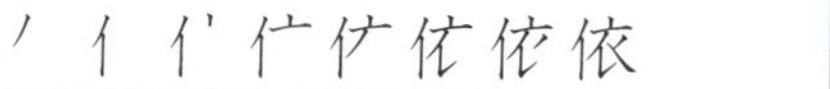

威

女 おんな　9画

音 イ
訓 ―

意味 おそれる・勢いのさかんなこと
語句 威圧《いあつ》・威厳《いげん》・威勢《いせい》・権威《けんい》・猛威《もうい》
用例 敵を**威圧**する。**威厳**がある。**威勢**がよい。**権威**を示す。**猛威**を振るう。

為

灬 れんが・れっか　9画

音 イ
訓 ―

意味 何かを行う・手を加える・役に立つ
語句 行為《こうい》・作為《さくい》・人為《じんい》・有為《ゆうい》・為替《かわせ》
用例 勇気ある**行為**。**作為**の跡が明らかだ。あれは**人為**的な災害だ。

※「いぞん」とも読む。

偉

亻 にんべん　12画

音 イ

訓 えら(い)

意味 すぐれている・立派である

語句 偉観《いかん》・偉業《いぎょう》・偉人《いじん》・偉大《いだい》・偉容《いよう》

用例 **偉観**を誇る。**偉業**を残す。**偉人**の話を聞く。**偉大**な人物。富士の**偉容**。

違

⻌ しんにょう・しんにゅう　13画

音 イ

訓 ちが(う)　ちが(える)

意味 一致《いっち》しない・そむく・したがわない

語句 違反《いはん》・違法《いほう》・差違《さい》・相違《そうい》・筋違《すじちが》い

用例 スピード**違反**。それは**違法**行為だ。大きな**差違**はない。事実と**相違**する。

維

糸 いとへん　14画

音 イ

訓 ——

意味 持ち続ける・筋・意味を強める言葉

語句 維持《いじ》・維新《いしん》・繊維《せんい》

用例 中立を**維持**する。明治**維新**による文明開化。**繊維**を原材料とした製品。

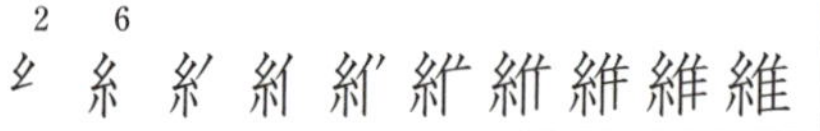

緯

糸 いとへん　16画

音 イ

訓 ——

意味 織物の横糸・東西の方向

語句 緯線《いせん》・緯度《いど》・経緯《けいい》・南緯《なんい》・北緯《ほくい》

用例 **緯線**は**緯度**を表す。事の**経緯**を説明する。京都市は**北緯**35度にある。

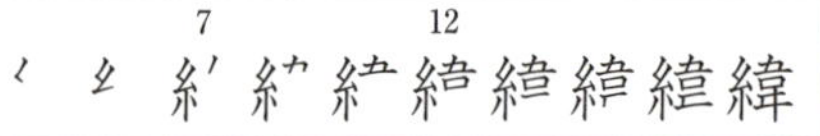

壱

士 さむらい　7画

音 イチ

訓 ——

意味 「一」に代わる字

語句 壱万円《いちまんえん》

用例 路上で**壱万円**札を拾った。

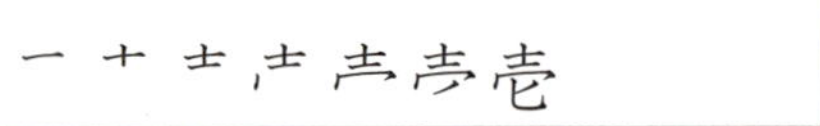

芋	艹 くさかんむり 6画
音 —	**意味** いも
訓 いも	**語句** 芋版《いもばん》・芋掘《いもほ》り・里芋《さといも》・山芋《やまいも》
	用例 年賀状を**芋版**で作った。畑へ**芋掘り**に行く。**里芋**の葉は大きく柄は長い。
	筆順: 一 十 艹 艹 芏 芋

陰	阝 こざとへん 11画
音 イン	**意味** 日かげ・くらい・ひそかに・時間
訓 かげ / かげ(る)	**語句** 陰影《いんえい》・陰気《いんき》・陰極《いんきょく》・光陰《こういん》・日陰《ひかげ》
	用例 **陰影**に富んだ文章。**陰気**な性格だ。**光陰**矢のごとし。
	筆順: (11) 陰

隠	阝 こざとへん 14画
音 イン	**意味** 表面に出ない・退く・見えない様にする
訓 かく(す) / かく(れる)	**語句** 隠居《いんきょ》・隠語《いんご》・隠忍《いんにん》・隠滅《いんめつ》・葉隠《はがく》れ
	用例 祖父は**隠居**している。仲間だけに通じる**隠語**。証拠を**隠滅**する。
	筆順: (7) (12) (14) 隠

影	彡 さんづくり 15画
音 エイ	**意味** 光がつくるかげ・すがた・およぼす
訓 かげ	**語句** 影響《えいきょう》・影像《えいぞう》・陰影《いんえい》・投影《とうえい》・影絵《かげえ》
	用例 友人の**影響**を受ける。くっきりした**陰影**。世相を**投影**。**影絵**を楽しむ。
	筆順: (2) (4) (9) (12) 影

鋭	金 かねへん 15画
音 エイ	**意味** するどい・勢いがよい・すばやい
訓 するど(い)	**語句** 鋭意《えいい》・鋭角《えいかく》・鋭敏《えいびん》・精鋭《せいえい》・先鋭《せんえい》
	用例 **鋭意**努力する。**鋭敏**な神経。えり抜きの**精鋭**で戦う。思想が**先鋭**化する。
	筆順: (2) (4) (7) (13) 鋭

越

走 そうにょう 12画

音 エツ

訓 こ(す)　こ(える)

意味 こえる・こす・度をこす・まさる

語句 越境《えっきょう》・越権《えっけん》・越冬《えっとう》・優越《ゆうえつ》・年越《としこ》し

用例 難民が**越境**する。それは**越権**行為だ。南極で**越冬**する。**優越**感を抱く。

援

扌 てへん 12画

音 エン

訓 ──

意味 たすける・ひきとる・ぬく

語句 援護《えんご》・援助《えんじょ》・応援《おうえん》・救援《きゅうえん》・声援《せいえん》

用例 **援護**射撃を頼む。**援助**物資を送る。大声で**応援**する。**救援**活動を行う。

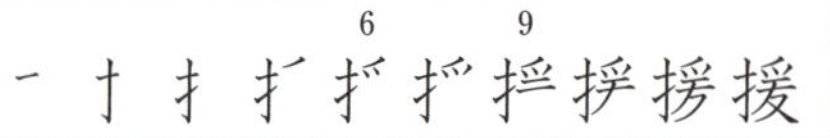

煙

火 ひへん 13画

音 エン

訓 けむ(る)　けむり　けむ(い)

意味 けむり・すす・かすみ・たばこ

語句 煙雨《えんう》・煙突《えんとつ》・煙幕《えんまく》・禁煙《きんえん》・黒煙《こくえん》

用例 **煙雨**谷を埋《う》める。**煙突**から**黒煙**が立ち上る。**煙幕**を張る。**禁煙**する。

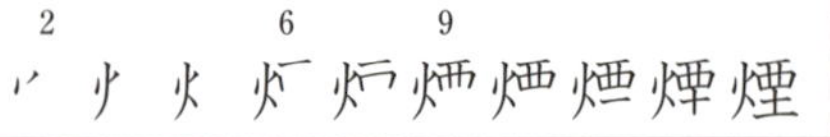

鉛

金 かねへん 13画

音 エン

訓 なまり

意味 なまり・金属の一つ

語句 鉛管《えんかん》・鉛直《えんちょく》・鉛筆《えんぴつ》・黒鉛《こくえん》・鉛色《なまりいろ》

用例 **鉛管**を埋《う》める。**鉛直**線を引く。**鉛筆**をけずる。**鉛色**の空を見上げる。

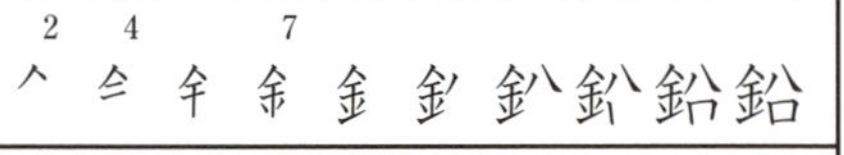

縁

糸 いとへん 15画

音 エン

訓 ふち

意味 へり・つながり・めぐりあわせ

語句 縁起《えんぎ》・縁故《えんこ》・縁談《えんだん》・無縁《むえん》・額縁《がくぶち》

用例 **縁起**が良い。**縁故**に頼る。**縁談**が持ち上がる。**無縁**仏の墓が立ち並ぶ。

汚

氵 さんずい 6画

音 オ

訓 けが(す)高・けが(れる)・高けが(らわしい)高よご(す)・よご(れる)・きたな(い)

意味 よごす・きたない・そこなう

語句 汚職《おしょく》・汚水《おすい》・汚点《おてん》・汚物《おぶつ》・汚名《おめい》

用例 **汚職**がまん延する。歴史に**汚点**を残す。裏切り者の**汚名**をすすぐ。

丶 丷 氵 汀 汻 汚

押

扌 てへん 8画

音 オウ高

訓 お(す)
お(さえる)

意味 おす・印を押す・韻《いん》をそろえる

語句 押印《おういん》・押韻《おういん》・押収《おうしゅう》・花押《かおう》・押《お》し花《ばな》

用例 書類に**押印**する。**押韻**して詩をよむ。証拠物を**押収**する。

一 十 扌 扌 扣 扣 押 押

奥

大 だい 12画

音 オウ高

訓 おく

意味 深くはいりこんだ・表面に現れない

語句 ※1奥義《おうぎ》・奥様《おくさま》・奥底《おくそこ》・奥歯《おくば》・山奥《やまおく》

用例 芸の**奥義**をきわめる。心の**奥底**を明かす。**奥歯**をかみしめる。

丿 丨 门 门(5) 内 內 囪(9) 囪 奥 奥

憶

忄 りっしんべん 16画

音 オク

訓 ――

意味 おぼえる・おもう・おしはかる

語句 憶説《おくせつ》・憶測《おくそく》・憶断《おくだん》・記憶《きおく》・追憶《ついおく》

用例 **憶説**が流れる。**憶測**が外れる。**憶断**を下す。**記憶**に残る。**追憶**にふける。

丶(2) 忄 忄(5) 忙(7) 忙 忭 悟 憶(12) 憶(14) 憶(16)

菓

艹 くさかんむり 11画

音 カ

訓 ――

意味 おかし・木の実・果実

語句 菓子《かし》・※2茶菓《さか》・製菓《せいか》・和菓子《わがし》

用例 仏前に**菓子**を供える。**茶菓**の接待を受ける。製菓の材料をそろえる。

一 十 廾 艹 芦 苜(7) 荁 菓 菓 菓

※1「おくぎ」とも読む。
※2「ちゃか」とも読む。

暇

日 ひへん
13画

音 カ
訓 ひま

意味 ひま・やすみ・何かをする時間

語句 閑暇《かんか》・休暇《きゅうか》・寸暇《すんか》・余暇《よか》・暇人《ひまじん》

用例 **閑暇**を得て旅行する。**休暇**をとる。**寸暇**をおしむ。**余暇**を楽しむ。

箇

⺮ たけかんむり
14画

音 カ
訓 ——

意味 ものを数えるとき用いる言葉

語句 箇所《かしょ》・箇条《かじょう》・十二箇月《じゅうにかげつ》

用例 壊れた**箇所**を直す。**箇条**書きにする。一年は**十二箇月**である。

雅

隹 ふるとり
13画

音 ガ
訓 ——

意味 上品な・風流な・おおらかな

語句 雅楽《ががく》・雅趣《がしゅ》・雅量《がりょう》・風雅《ふうが》・優雅《ゆうが》

用例 **雅楽**を演奏する。大人の**雅量**。**風雅**な遊びだ。**優雅**な生活を送る。

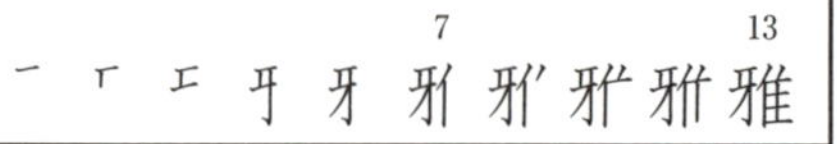

介

𠆢 ひとやね
4画

音 カイ
訓 ——

意味 仲立ちをする・助ける・つまらぬもの

語句 介在《かいざい》・介入《かいにゅう》・介抱《かいほう》・一介《いっかい》・紹介《しょうかい》

用例 事件に**介入**する。病人を**介抱**する。**一介**の市民だ。新入生を**紹介**する。

戒

戈 ほこづくり・ほこがまえ
7画

音 カイ
訓 いまし(める)

意味 注意する・いましめる・さとす・おきて

語句 戒心《かいしん》・戒律《かいりつ》・訓戒《くんかい》・警戒《けいかい》・破戒《はかい》

用例 **戒心**の要あり。**戒律**が厳しい。**訓戒**を垂れる。**警戒**信号を送る。

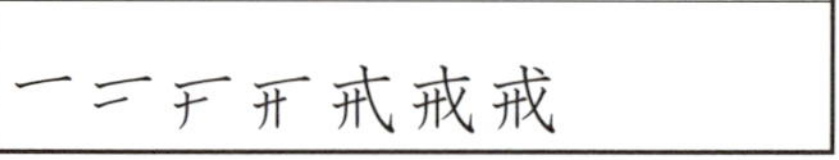

4級 漢字表

漢字	部首	画数	音	訓	意味・語句・用例
皆	白（しろ）	9画	カイ	みな	意味 すべて・ぜんぶ・おなじく 語句 皆勤《かいきん》・皆済《かいさい》・皆無《かいむ》・皆目《かいもく》・皆様《みなさま》 用例 皆勤賞をもらう。借金を皆済した。欠席者は皆無だ。皆目わからない。
壊	土（つちへん）	16画	カイ	こわ(す) こわ(れる)	意味 くずれる・くずす 語句 壊滅《かいめつ》・決壊《けっかい》・全壊《ぜんかい》・倒壊《とうかい》・破壊《はかい》 用例 堤防が決壊する。家屋が全壊する。建物が完全に破壊された。
較	車（くるまへん）	13画	カク	——	意味 くらべる・きそう・あきらか 語句 ※較差《かくさ》・比較《ひかく》 用例 売上高の較差が大き過ぎる。人間は簡単に比較できない。
獲	犭（けものへん）	16画	カク	え(る)	意味 とらえる・つかまえる・手に入れる 語句 獲得《かくとく》・漁獲《ぎょかく》・捕獲《ほかく》・乱獲《らんかく》・獲物《えもの》 用例 有望な新人を獲得する。漁獲高の多い県だ。クジラの捕獲が制限された。
刈	刂（りっとう）	4画	——	か(る)	意味 かる・まとめて切り取る・短く切る 語句 稲刈《いねか》り・草刈《くさか》り・丸刈《まるが》り 用例 稲刈りで忙しい。庭の草刈りをする。頭を丸刈りにする。

※「こうさ」とも読む。

甘

甘 かん・あまい　5画

音 カン
訓 あま(い)　あま(える)　あま(やかす)

意味 あまい・あまんじる・うまい

語句 甘言《かんげん》・甘受《かんじゅ》・甘美《かんび》・甘露《かんろ》・甘党《あまとう》

用例 甘言に惑わされる。苦言を**甘受**する。**甘美**な果物だ。父は大の**甘党**だ。

汗

氵 さんずい　6画

音 カン
訓 あせ

意味 あせ

語句 汗顔《かんがん》・発汗《はっかん》・汗水《あせみず》・脂汗《あぶらあせ》・寝汗《ねあせ》

用例 **汗顔**の至りだ。**汗水**垂らして働く。**脂汗**を浮かべる。**寝汗**をかく。

乾

乙 おつ　11画

音 カン
訓 かわ(く)　かわ(かす)

意味 水分がなくなる・いぬい(北西の方角)

語句 乾季《かんき》・乾燥《かんそう》・乾電池《かんでんち》・乾杯《かんぱい》・乾物《かんぶつ》

用例 **乾季**になると道になる川だ。空気が**乾燥**する。**乾杯**の音頭《おんど》をとる。

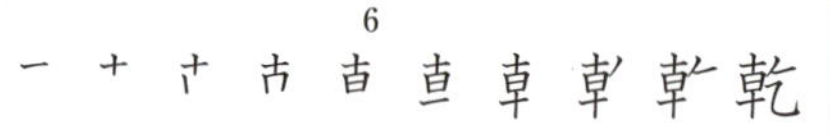

勧

力 ちから　13画

音 カン
訓 すす(める)

意味 すすめる・はげます

語句 勧業《かんぎょう》・勧告《かんこく》・勧奨《かんしょう》・勧進《かんじん》・勧誘《かんゆう》

用例 **勧業**政策を推し進める。辞任を**勧告**する。諸国を**勧進**して回る。

歓

欠 あくび・かける　15画

音 カン
訓 ――

意味 よろこぶ・たのしむ

語句 歓喜《かんき》・歓迎《かんげい》・歓声《かんせい》・歓談《かんだん》・交歓《こうかん》

用例 **歓喜**の歌を歌う。**歓迎**される。**歓声**が上がる。**交歓**会を行う。

監

皿 さら
15画

音 カン
訓 ——

意味 みはりをする・ろうや・かんがみる
語句 監禁《かんきん》・監視《かんし》・監修《かんしゅう》・監督《かんとく》・総監《そうかん》
用例 部屋に**監禁**される。行動を**監視**する。本の**監修**をする。サッカー部の**監督**。

環

王 おうへん・たまへん
17画

音 カン
訓 ——

意味 わ・ぐるぐるまわる・周りをとりまく
語句 環境《かんきょう》・環状《かんじょう》・環流《かんりゅう》・一環《いっかん》・循環《じゅんかん》
用例 **環境**の保全を考える。**環状**線を走る。海水が**環流**する。政策の**一環**を成す。

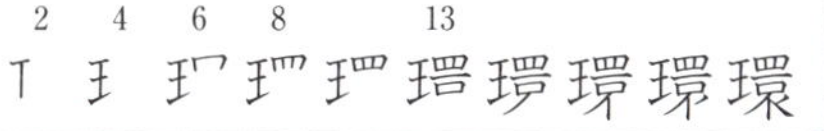

鑑

金 かねへん
23画

音 カン
訓 かんが(みる)(高)

意味 てほん・見わける・かんがみる
語句 鑑査《かんさ》・鑑賞《かんしょう》・鑑定《かんてい》・図鑑《ずかん》・年鑑《ねんかん》
用例 作品を**鑑査**する。絵画を**鑑賞**する。不動産を**鑑定**する。**図鑑**を見る。

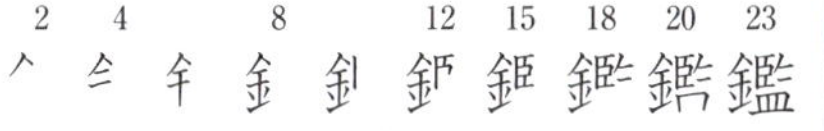

含

口 くち
7画

音 ガン
訓 ふく(む)
ふく(める)

意味 内につつみこむ・深い味わい・いだく
語句 含蓄《がんちく》・含味《がんみ》・含有《がんゆう》・包含《ほうがん》
用例 **含蓄**のある言葉だ。よく**含味**する。**含有**量が多い。問題を**包含**している。

奇

大 だい
8画

音 キ
訓 ——

意味 ふしぎ・すぐれた・思いがけない
語句 奇異《きい》・奇縁《きえん》・奇才《きさい》・奇襲《きしゅう》・数奇屋《すきや》
用例 **奇異**に感じる。合縁**奇縁**で結ばれる。**奇才**を示す。**奇襲**をかける。

祈

ネ しめすへん 8画

音 キ

訓 いの(る)

意味 いのる・神や仏に願う

語句 祈雨《きう》・祈願《きがん》・祈念《きねん》

用例 **祈雨**の火祭りをする。神仏に**祈願**する。無事を**祈念**する。

鬼

鬼 おに 10画

音 キ

訓 おに

意味 死んだ人・おに・すぐれたもの

語句 鬼気《きき》・鬼才《きさい》・鬼神《きじん》・鬼門《きもん》・青鬼《あおおに》

用例 **鬼気**迫る感じだ。文壇《ぶんだん》の**鬼才**といわれる。数学は**鬼門**だ。**青鬼**の仮面。

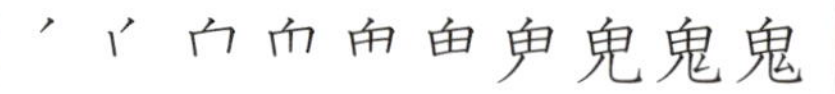

幾

幺 よう・いとがしら 12画

音 キ

訓 いく

意味 いくつ・いくら・きざし・ほとんど

語句 幾何《きか》・幾重《いくえ》・幾多《いくた》・幾日《いくにち》・幾分《いくぶん》

用例 **幾重**にも取り囲む。**幾多**もの試練に耐える。**幾分**成績が上がった。

輝

車 くるま 15画

音 キ

訓 かがや(く)

意味 きらきらと明るく見える

語句 輝輝《きき》・輝石《きせき》・光輝《こうき》

用例 満月**輝輝**として窓に当たる。**輝石**を発見する。**光輝**ある伝統。

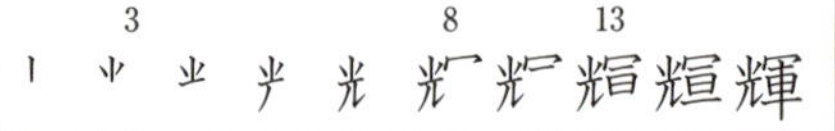

儀

亻 にんべん 15画

音 ギ

訓 ―

意味 作法に合ったおこないやきまり・もけい

語句 儀式《ぎしき》・儀礼《ぎれい》・威儀《いぎ》・行儀《ぎょうぎ》・地球儀《ちきゅうぎ》

用例 開会の**儀式**を執り行う。昔の**儀礼**に従う。**威儀**を正す。**行儀**が悪い。

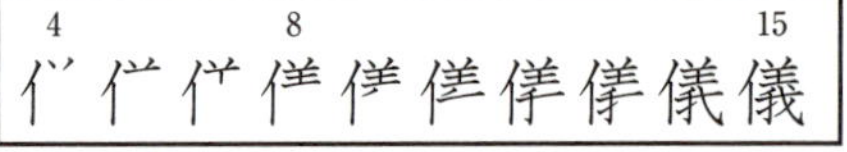

戯

戈 ほこづくり・ほこがまえ 15画

音 ギ

訓 たわむ(れる)高

意味 おもしろく遊ぶ・ふざける・芝居

語句 戯画《ぎが》・戯曲《ぎきょく》・球戯《きゅうぎ》・児戯《じぎ》・遊戯《ゆうぎ》

用例 **戯画**を描く。**戯曲**を上演する。**児戯**に等しい。お**遊戯**の時間です。

筆順 8 11 14 … 戯 戯

詰

言 ごんべん 13画

音 キツ高

訓 つ(める) つ(まる) つ(む)

意味 問いつめる・つまる・つめる・まがる

語句 詰問《きつもん》・難詰《なんきつ》・詰《つ》め所《しょ》・大詰《おおづ》め・折詰《おりづめ》

用例 容疑者を**詰問**する。相手を**難詰**する。**大詰め**に近づく。**折詰**弁当を買う。

筆順 2 4 6 … 詰 詰

却

卩 わりふ・ふしづくり 7画

音 キャク

訓 ——

意味 さがる・受けつけない・すっかりなくす

語句 却下《きゃっか》・焼却《しょうきゃく》・退却《たいきゃく》・返却《へんきゃく》・忘却《ぼうきゃく》

用例 願書を**却下**する。書類を**焼却**する。後方に**退却**する。図書を**返却**する。

筆順 一 十 土 去 去 却 却

脚

月 にくづき 11画

音 キャク キャ高

訓 あし

意味 あし・下についてささえるもの

語句 脚色《きゃくしょく》・脚本《きゃくほん》・健脚《けんきゃく》・失脚《しっきゃく》・行脚《あんぎゃ》

用例 事実を**脚色**する。映画の**脚本**を書く。**健脚**を誇る。汚職で**失脚**する。

筆順 4 … 脚 脚

及

又 また 3画

音 キュウ

訓 およ(ぶ) およ(び) およ(ぼす)

意味 追いつく・そこまで届く・ならびに

語句 及第《きゅうだい》・言及《げんきゅう》・追及《ついきゅう》・波及《はきゅう》・普及《ふきゅう》

用例 **及第**点を取る。**言及**を避ける。責任を**追及**する。全国に**波及**する。

筆順 ノ 乃 及

丘

一 いち　5画

音 キュウ
訓 おか

意味 少しもりあがった土地
語句 丘陵《きゅうりょう》・砂丘《さきゅう》・段丘《だんきゅう》・小高《こだか》い丘《おか》
用例 **丘陵**地帯を歩く。海沿いの**砂丘**地帯。川の両岸は**段丘**になっている。

朽

木 きへん　6画

音 キュウ
訓 く(ちる)

意味 くさってくずれる・役に立たない
語句 枯朽《こきゅう》・不朽《ふきゅう》・腐朽《ふきゅう》・老朽《ろうきゅう》・朽《く》ち木《き》
用例 **不朽**の名作を読む。**腐朽**した落ち葉。**老朽**化した家。**朽ち木**が横たわる。

巨

工 え・たくみ　5画

音 キョ
訓 ——

意味 大きい・多い・すぐれた
語句 巨額《きょがく》・巨人《きょじん》・巨大《きょだい》・巨頭《きょとう》・巨費《きょひ》
用例 **巨額**の富を築く。**巨頭**会談を行う。**巨費**を投じてダムを建設する。

拠

扌 てへん　8画

音 キョ
　 コ
訓 ——

意味 たよる・よりどころ・たてこもる
語句 拠点《きょてん》・割拠《かっきょ》・根拠《こんきょ》・占拠《せんきょ》・証拠《しょうこ》
用例 生産の**拠点**だ。**根拠**を示す。不法に**占拠**する。**証拠**がある。

距

𧾷 あしへん　12画

音 キョ
訓 ——

意味 へだたる・たがう・間をおく
語句 距離《きょり》・遠距離《えんきょり》
用例 マラソンで走る**距離**は約42キロだ。**遠距離**通勤で疲れる。

御

彳 ぎょうにんべん　12画

音 ギョ・ゴ
訓 おん

意味 馬を扱う・おさめる・丁寧《ていねい》な意の接頭語

語句 御者《ぎょしゃ》・統御《とうぎょ》・防御《ぼうぎょ》・御用《ごよう》・御中《おんちゅう》

用例 馬車の**御者**になる。人民を**統御**する。攻撃は最大の**防御**だ。お安い**御用**だ。

凶

凵 うけばこ　4画

音 キョウ
訓 ——

意味 ききん・心がわるい・えんぎがわるい

語句 凶悪《きょうあく》・凶器《きょうき》・凶作《きょうさく》・凶暴《きょうぼう》・吉凶《きっきょう》

用例 **凶悪**犯を捕らえる。今年は稲が**凶作**だ。**凶暴**性を帯びる。**吉凶**を占う。

叫

口 くちへん　6画

音 キョウ
訓 さけ(ぶ)

意味 大声を出す・よぶ・なく

語句 叫喚《きょうかん》・叫号《きょうごう》・絶叫《ぜっきょう》・叫《さけ》び声《ごえ》

用例 阿鼻《あび》**叫喚**のちまたと化す。恐ろしさのあまり**絶叫**する。**叫び声**に驚く。

狂

犭 けものへん　7画

音 キョウ
訓 くる(う)・くる(おしい)

意味 くるう・くるったようにはげしい

語句 狂気《きょうき》・狂喜《きょうき》・狂言《きょうげん》・狂暴《きょうぼう》・熱狂《ねっきょう》

用例 **狂気**のさた。優勝に**狂喜**する。**狂言**を鑑賞する。ファンが**熱狂**する。

況

氵 さんずい　8画

音 キョウ
訓 ——

意味 ようす・ありさま・もてなす

語句 活況《かっきょう》・近況《きんきょう》・実況《じっきょう》・状況《じょうきょう》・不況《ふきょう》

用例 **近況**を報告する。**状況**判断が甘い。**不況**が続く。

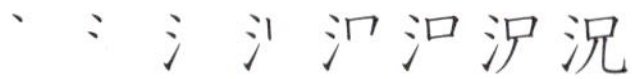

狭

犭 けものへん　9画

音 キョウ(高)
せま(い)
訓 せば(める)
せば(まる)

意味 せまい・心がせまい・範囲が小さい

語句 狭軌《きょうき》・狭義《きょうぎ》・狭小《きょうしょう》・狭量《きょうりょう》・広狭《こうきょう》

用例 狭義に解釈する。狭量をたしなめる。考え方に広狭の違いがある。

恐

心 こころ　10画

音 キョウ
訓 おそ(れる)
おそ(ろしい)

意味 こわがる・かしこまる・つつしむ・おどす

語句 恐喝《きょうかつ》・恐慌《きょうこう》・恐妻《きょうさい》・恐縮《きょうしゅく》・恐怖《きょうふ》

用例 大恐慌をきたす。恐妻家で有名だ。恐縮しています。恐怖におののく。

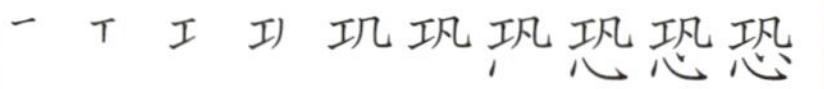

響

音 おと　20画

音 キョウ
訓 ひび(く)

意味 ひびき・他へはたらきをおよぼす

語句 響応《きょうおう》・影響《えいきょう》・音響《おんきょう》・交響曲《こうきょうきょく》・反響《はんきょう》

用例 青少年への影響が大きい。音響効果を出す。記事は大きな反響を呼んだ。

驚

馬 うま　22画

音 キョウ
訓 おどろ(く)
おどろ(かす)

意味 びっくりする

語句 驚異《きょうい》・驚喜《きょうき》・驚嘆《きょうたん》

用例 驚異的な記録だ。合格して驚喜した。見事な演技に驚嘆する。

仰

亻 にんべん　6画

音 ギョウ
コウ
訓 あお(ぐ)
おお(せ)(高)

意味 上を向く・あがめる・おおせ

語句 仰角《ぎょうかく》・仰山《ぎょうさん》・仰視《ぎょうし》・仰天《ぎょうてん》・信仰《しんこう》

用例 仰角45度で発射する。空を仰視する。びっくり仰天する。

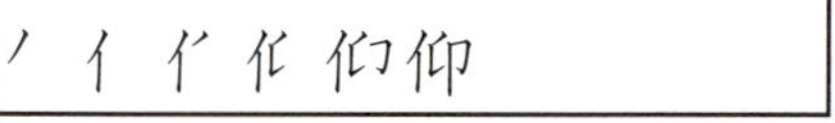

駆

馬 うまへん　14画

音 ク

訓 か(ける)　か(る)

意味 かける・思いのままに・追いたてる

語句 駆使《くし》・駆除《くじょ》・駆動《くどう》・先駆《せんく》・抜《ぬ》け駆《が》け

用例 最新の技術を**駆使**する。害虫を**駆除**する。四輪**駆動**の車。**先駆**者となる。

屈

尸 かばね・しかばね　8画

音 クツ

訓 ——

意味 かがむ・くじける・いきづまる

語句 屈指《くっし》・屈折《くっせつ》・屈服《くっぷく》・退屈《たいくつ》・理屈《りくつ》

用例 **屈指**の優秀校だ。光線が**屈折**する。人生に**退屈**する。**理屈**をこねる。

掘

扌 てへん　11画

音 クツ

訓 ほ(る)

意味 ほる・ほりだす

語句 掘削《くっさく》・掘進《くっしん》・採掘《さいくつ》・試掘《しくつ》・発掘《はっくつ》

用例 岩石を**掘削**する。石油を**採掘**する。温泉を**試掘**する。人材を**発掘**する。

繰

糸 いとへん　19画

音 ——

訓 く(る)

意味 引きよせまきとる・順におくる・数える

語句 繰《く》り上《あ》げ・繰《く》り延《の》べ・糸繰《いとく》り

用例 予定日を**繰り上げる**。会合を次週に**繰り延べる**。

恵

心 こころ　10画

音 ケイ　エ

訓 めぐ(む)

意味 めぐむ・したがう・かしこい

語句 恵贈《けいぞう》・恩恵《おんけい》・互恵《ごけい》・天恵《てんけい》・知恵《ちえ》

用例 **恩恵**を被る。**互恵**条約を結ぶ。**天恵**に浴する。**知恵**をしぼる。

傾

亻 にんべん 13画

音 ケイ

訓 かたむ（く）　かたむ（ける）

意味 かたむく・心をよせる・そうなりがち

語句 傾向《けいこう》・傾斜《けいしゃ》・傾聴《けいちょう》・傾倒《けいとう》・左傾《さけい》

用例 増加の**傾向**にある。**傾斜**が激しい。**傾聴**に値する。研究に**傾倒**する。

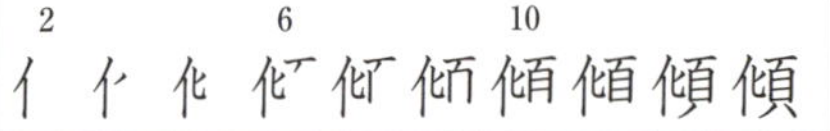

継

糸 いとへん 13画

音 ケイ

訓 つ（ぐ）

意味 続ける・血のつながりのない間がら

語句 継承《けいしょう》・継続《けいぞく》・継母《けいぼ》・後継《こうけい》・中継《ちゅうけい》

用例 志を**継承**する。**継続**して討議する。**後継**者を育てる。**中継**放送を見る。

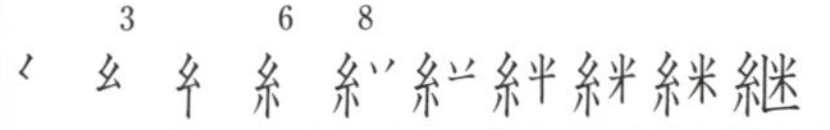

迎

辶 しんにょう・しんにゅう 7画

音 ゲイ

訓 むか（える）

意味 むかえる・他人の気にいるようにする

語句 迎撃《げいげき》・迎合《げいごう》・迎春《げいしゅん》・歓迎《かんげい》・送迎《そうげい》

用例 敵機を**迎撃**する。読者に**迎合**する。**歓迎**会を行う。**送迎**バスを待つ。

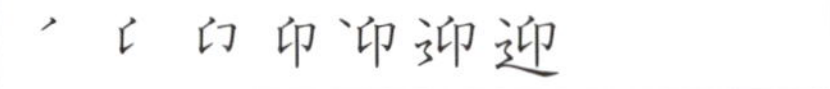

撃

手 て 15画

音 ゲキ

訓 う（つ）

意味 たまをうつ・やっつける・ふれる

語句 撃退《げきたい》・攻撃《こうげき》・打撃《だげき》・反撃《はんげき》・目撃《もくげき》

用例 **攻撃**に移る。**打撃**を受ける。**反撃**を開始する。事故を**目撃**する。

肩

肉 にく 8画

音 ケン（高）

訓 かた

意味 かた・になう・もちこたえる

語句 肩章《けんしょう》・強肩《きょうけん》・比肩《ひけん》・肩書《かたが》き・肩幅《かたはば》

用例 **強肩**を誇る外野手だ。**比肩**するものがない。名刺に**肩書**きを入れる。

兼

八《はち》 10画

音 ケン

訓 か(ねる)

意味 かねる・あわせもつ・前もって

語句 兼業《けんぎょう》・兼行《けんこう》・兼任《けんにん》・兼務《けんむ》・兼用《けんよう》

用例 実家は**兼業**農家だ。昼夜**兼行**で工事をする。コーチを**兼任**する。

剣

刂《りっとう》 10画

音 ケン

訓 つるぎ

意味 つるぎ・きる・剣法・短い刀

語句 剣豪《けんごう》・剣術《けんじゅつ》・剣道《けんどう》・剣舞《けんぶ》・刀剣《とうけん》

用例 **剣豪**小説を読む。**剣術**の達人。**剣道**の試合を見る。**刀剣**を振る。

軒

車《くるまへん》 10画

音 ケン

訓 のき

意味 ひさし・あがる・家・家を数える言葉

語句 軒昂《けんこう》・一軒家《いっけんや》・軒先《のきさき》・軒下《のきした》・軒並《のきな》み

用例 今日も意気**軒昂**だ。**軒先**を借りる。**軒下**で雨宿りする。**軒並み**落選する。

圏

囗《くにがまえ》 12画

音 ケン

訓 ──

意味 かこい・しきり・限られた区域

語句 圏内《けんない》・首都圏《しゅとけん》・大気圏《たいきけん》・北極圏《ほっきょくけん》

用例 入賞**圏内**にある。**首都圏**の交通網を整備する。**大気圏**に突入する。

堅

土《つち》 12画

音 ケン

訓 かた(い)

意味 こわれにくい・しっかりしている

語句 堅固《けんご》・堅実《けんじつ》・堅忍《けんにん》・中堅《ちゅうけん》・手堅《てがた》い

用例 **堅固**な決意。**堅実**な人生設計。**堅忍**不抜の精神。会社の**中堅**として働く。

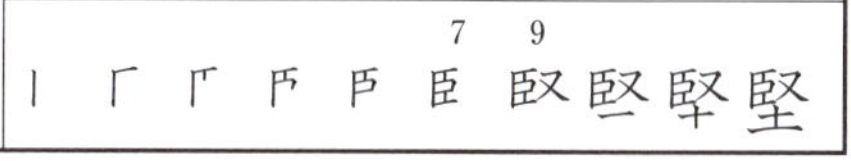

遣

部首：⻍（しんにょう・しんにゅう）　13画

音 ケン
訓 つか(う)
　 つか(わす)

意味 行かせる・さしむける・追いやる

語句 遣唐使《けんとうし》・先遣隊《せんけんたい》・派遣《はけん》・気遣《きづか》い

用例 留学生が**遣唐使**と共に**派遣**された。**先遣隊**を出す。安否を**気遣**う。

玄

部首：玄（げん）　5画

音 ゲン
訓 ──

意味 くろい・奥深い

語句 玄関《げんかん》・玄米《げんまい》・幽玄《ゆうげん》・玄人《くろうと》

用例 **玄関**口に出迎える。**玄米**食にする。料理は**玄人**はだしの腕前だ。

枯

部首：木（きへん）　9画

音 コ
訓 か(れる)
　 か(らす)

意味 かれる・水分がなくなる・おとろえる

語句 枯渇《こかつ》・枯死《こし》・枯淡《こたん》・枯木《こぼく》・栄枯盛衰《えいこせいすい》

用例 貯水池が**枯渇**する。**枯淡**の境地だ。平家の**栄枯盛衰**を知る。

誇

部首：言（ごんべん）　13画

音 コ
訓 ほこ(る)

意味 大げさにいう・じまんする・ほこり

語句 誇示《こじ》・誇称《こしょう》・誇大《こだい》・誇張《こちょう》

用例 戦力を**誇示**する。家柄を**誇称**する。**誇大**な広告だ。**誇張**が過ぎる。

鼓

部首：鼓（つづみ）　13画

音 コ
訓 つづみ（高）

意味 つづみ・たたく・はげます

語句 鼓吹《こすい》・鼓笛《こてき》・鼓動《こどう》・鼓舞《こぶ》・太鼓《たいこ》

用例 心臓の**鼓動**を聞く。士気を**鼓舞**する。**太鼓**をたたく。

漢字	部首	画数	読み	意味・語句・用例	筆順
互	二（に）	4画	音 ゴ 訓 たが(い)	意味 おたがいに・いりみだれる 語句 互角《ごかく》・互恵《ごけい》・互選《ごせん》・交互《こうご》・相互《そうご》 用例 勝負は**互角**だ。**互恵**の精神を養う。議長を**互選**する。男女**交互**に並ぶ。	
抗	扌（てへん）	7画	音 コウ 訓 ──	意味 さからう・はむかう・ふせぐ 語句 抗議《こうぎ》・抗争《こうそう》・抗体《こうたい》・対抗《たいこう》・反抗《はんこう》 用例 **抗議**集会を開く。**抗体**を作る。**対抗**意識を燃やす。親に**反抗**する。	
攻	攵（のぶん・ぼくづくり）	7画	音 コウ 訓 せ(める)	意味 せめる・おさめる・研究する 語句 攻撃《こうげき》・攻守《こうしゅ》・攻勢《こうせい》・専攻《せんこう》・速攻《そっこう》 用例 **攻撃**態勢に入る。**攻守**所を変える。電子工学を**専攻**する。	
更	曰（ひらび・いわく）	7画	音 コウ さら 訓 ふ(ける)(高) ふ(かす)(高)	意味 新しくなる・入れかわる 語句 更衣《こうい》・更改《こうかい》・更新《こうしん》・深更《しんこう》・変更《へんこう》 用例 条例を**更改**する。記録を**更新**する。議論は**深更**に及ぶ。計画を**変更**する。	
恒	忄（りっしんべん）	9画	音 コウ 訓 ──	意味 いつも変わらない 語句 恒久《こうきゅう》・恒常《こうじょう》・恒心《こうしん》・恒星《こうせい》・恒例《こうれい》 用例 **恒久**の平和を望む。恒産なきものは**恒心**なし。太陽は**恒星**である。	

荒

部首：艹（くさかんむり） 9画

音 コウ
訓 あら(い)　あ(れる)　あ(らす)

意味 あれる・とりとめがない・はてしない
語句 荒城《こうじょう》・荒天《こうてん》・荒廃《こうはい》・荒野《こうや》・荒涼《こうりょう》
用例 「**荒城**の月」は名曲だ。**荒天**を突いて船出する。**荒野**を行く。

香

部首：香（か・かおり） 9画

音 コウ　キョウ㊥
訓 か　かお(り)　かお(る)

意味 よいにおい・よいにおいを出すもの
語句 香気《こうき》・香水《こうすい》・香典《こうでん》・香料《こうりょう》・香車《きょうしゃ》
用例 **香気**がただよう。**香水**を振りかける。**香典**を供える。料理に**香料**を加える。

項

部首：頁（おおがい） 12画

音 コウ
訓 —

意味 小さく分けた一つ一つのことがら
語句 項目《こうもく》・事項《じこう》・条項《じょうこう》・別項《べっこう》・要項《ようこう》
用例 幾つかの**項目**に分ける。重要**事項**を箇条書きにする。**別項**にかかげる。

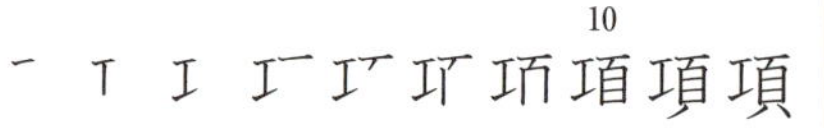

稿

部首：禾（のぎへん） 15画

音 コウ
訓 —

意味 文章などを書きしるしたもの
語句 遺稿《いこう》・寄稿《きこう》・原稿《げんこう》・草稿《そうこう》・投稿《とうこう》
用例 文豪の**遺稿**が出た。**原稿**を頼まれる。**草稿**を練る。雑誌に**投稿**する。

豪

部首：豕（ぶた・いのこ） 14画

音 ゴウ
訓 —

意味 すぐれる・すぐれた人・つよい・すごい
語句 豪雨《ごうう》・豪快《ごうかい》・豪勢《ごうせい》・強豪《きょうごう》・文豪《ぶんごう》
用例 集中**豪雨**に見舞われる。**豪快**な上手投げ。**豪勢**に暮らす。**強豪**との対戦。

込

辶（しんにょう・しんにゅう） 5画

音 ——
訓 こ(む)　こ(める)

意味 こめる・こもる・手数がかかる
語句 意気込《いきご》み・駆《か》け込《こ》み・炊《た》き込《こ》み
用例 猛烈な**意気込み**だ。**駆け込み**乗車はやめよう。**炊き込み**ご飯を作る。

婚

女（おんなへん） 11画

音 コン
訓 ——

意味 縁組みをする
語句 婚期《こんき》・婚約《こんやく》・婚礼《こんれい》・求婚《きゅうこん》・結婚《けっこん》
用例 娘が**婚期**を迎えた。彼女と**婚約**した。**婚礼**は神式で行う。**結婚**を申し込む。

鎖

金（かねへん） 18画

音 サ
訓 くさり

意味 くさり・とざす・じょう
語句 鎖国《さこく》・鎖骨《さこつ》・封鎖《ふうさ》・閉鎖《へいさ》・連鎖《れんさ》
用例 **鎖国**政策をとる。海上を**封鎖**する。事務所の**閉鎖**。**連鎖**反応が起こる。

彩

彡（さんづくり） 11画

音 サイ
訓 いろど(る)(高)

意味 色をつける・美しいいろどり・つや
語句 彩雲《さいうん》・彩光《さいこう》・異彩《いさい》・色彩《しきさい》・水彩画《すいさいが》
用例 大空に**彩雲**が輝く。ひときわ**異彩**を放つ。**色彩**が豊かだ。

歳

止（とめる） 13画

音 サイ　セイ
訓 ——

意味 としつき・一年間・年齢を数える言葉
語句 歳月《さいげつ》・歳歳《さいさい》・歳費《さいひ》・歳末《さいまつ》・歳暮《せいぼ》・二十歳《はたち》
用例 **歳月**人を待たず。**歳歳**年年人同じにあらず。**歳末**大売り出し中だ。

載

部首：車（くるま）　13画

音 サイ
訓 の(せる)　の(る)

意味 のせる・はじめる・しるす・上に積む

語句 記載《きさい》・掲載《けいさい》・積載《せきさい》・満載《まんさい》・連載《れんさい》

用例 **記載**事項を読む。雑誌に**掲載**される。制限**積載**量を守る。**連載**小説を読む。

剤

部首：刂（りっとう）　10画

音 ザイ
訓 ——

意味 くすり・くすりを調合する

語句 下剤《げざい》・錠剤《じょうざい》・洗剤《せんざい》・調剤《ちょうざい》・薬剤師《やくざいし》

用例 **下剤**は多用しない。濃縮**洗剤**を薄めて使う。**薬剤師**を志す。

咲

部首：口（くちへん）　9画

音 ——
訓 さ(く)

意味 花のつぼみが開く

語句 遅咲《おそざ》き・返《かえ》り咲《ざ》き・七分咲《しちぶざ》き

用例 **遅咲き**の梅だ。政界への**返り咲き**をねらう。桜の**七分咲き**。

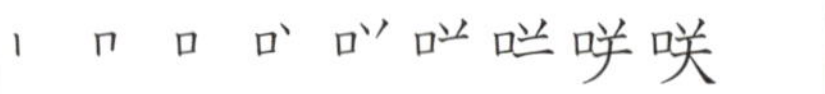

惨

部首：忄（りっしんべん）　11画

音 サン　ザン㊢
訓 みじ(め)㊢

意味 いたましい・むごい

語句 惨禍《さんか》・惨劇《さんげき》・惨状《さんじょう》・悲惨《ひさん》・惨敗《ざんぱい》

用例 **惨禍**を視察する。**惨状**を訴える。**悲惨**な最期《さいご》をとげる。**惨敗**を喫《きっ》する。

旨

部首：日（ひ）　6画

音 シ
訓 むね㊢

意味 考えの内容・うまい・むね

語句 主旨《しゅし》・趣旨《しゅし》・本旨《ほんし》・要旨《ようし》・論旨《ろんし》

用例 **主旨**を理解する。**趣旨**に賛同する。**要旨**をまとめる。**論旨**が矛盾する。

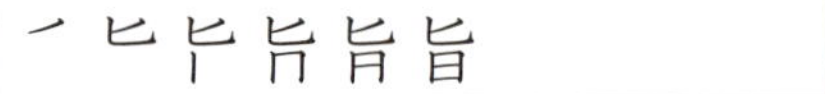

伺

イ（にんべん） 7画

音 シ 高

訓 うかが(う)

意味 ようすをたずねる・そば近くつかえる

語句 伺候《しこう》・伺察《しさつ》・進退伺《しんたいうかが》い

用例 上司に**伺候**する。敵状を**伺察**する。事故の責任者が**進退伺い**を出す。

刺

刂（りっとう） 8画

音 シ

訓 さ(す)
さ(さる)

意味 さす・とげ・ちくりとさせる・名ふだ

語句 ※1 刺客《しかく》・刺激《しげき》・刺殺《しさつ》・風刺《ふうし》・名刺《めいし》

用例 **刺客**が放たれた。強い**刺激**を与える。**風刺**の利《き》いた漫画だ。**名刺**を配る。

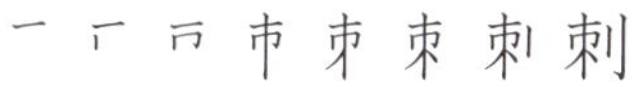

脂

月（にくづき） 10画

音 シ

訓 あぶら

意味 あぶら・やに・化粧《けしょう》用のべに

語句 脂質《ししつ》・脂粉《しふん》・脂肪《しぼう》・樹脂《じゅし》・脂汗《あぶらあせ》

用例 **脂粉**の香り。**脂肪**太りを防ぐ。合成**樹脂**でできている。**脂汗**をふく。

紫

糸（いと） 12画

音 シ

訓 むらさき

意味 むらさき・赤と青の中間色

語句 紫雲《しうん》・紫煙《しえん》・紫外線《しがいせん》・紫紺《しこん》・紫電《してん》

用例 **紫雲**がたなびく。**紫煙**をくゆらす。**紫外線**を避ける。

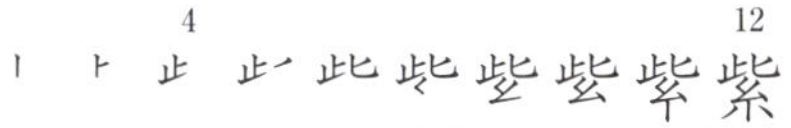

雌

隹（ふるとり） 14画

音 シ

訓 め
めす

意味 めす・弱いもの

語句 雌伏《しふく》・雌雄《しゆう》・雌花《めばな》・雌犬《めすいぬ》

用例 **雌伏**三十年を経て世に出る。**雌雄**を決する。松には**雌花**雄花がある。

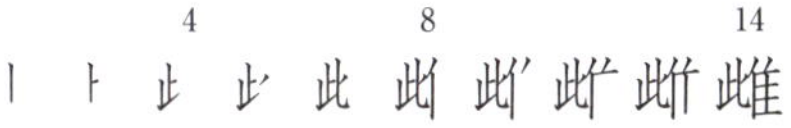

※1「しきゃく」とも読む。

執

土《つち》 11画

音 シツ
シュウ

訓 と(る)

意味 あつかう・とらわれる

語句 執権《しっけん》・執行《しっこう》・執筆《しっぴつ》・執念《しゅうねん》・※2固執《こしつ》

用例 **執権**の座につく。**執筆**を依頼する。**執念**を燃やす。自説に**固執**する。

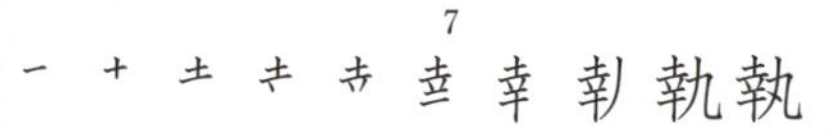

芝

艹《くさかんむり》 6画

音 ——

訓 しば

意味 しば・イネ科の多年草

語句 芝居《しばい》・芝刈《しばか》り・芝草《しばくさ》・芝山《しばやま》・芝生《しばふ》

用例 **芝居**がうまい。庭の**芝刈り**をする。**芝草**を植える。**芝生**の上で遊ぶ。

斜

斗《とます》 11画

音 シャ

訓 なな(め)

意味 ななめ

語句 斜線《しゃせん》・斜面《しゃめん》・斜陽《しゃよう》・傾斜《けいしゃ》

用例 **斜線**を入れて正す。**斜面**を転がり落ちる。**傾斜**で加速する。

煮

灬《れんが・れっか》 12画

音 シャ(高)

訓 に(る)
に(える)
に(やす)

意味 にる・にえる

語句 煮沸《しゃふつ》・煮豆《にまめ》・煮物《にもの》・雑煮《ぞうに》

用例 水を**煮沸**する。黒豆で**煮豆**を作る。**煮物**より焼き物を好む。

釈

釆《のごめへん》 11画

音 シャク

訓 ——

意味 ときあかす・言いわけをする・ゆるす

語句 釈然《しゃくぜん》・釈放《しゃくほう》・釈明《しゃくめい》・会釈《えしゃく》・注釈《ちゅうしゃく》

用例 **釈然**としない。**釈明**を求める。軽く**会釈**する。**注釈**をつける。

※2「こしゅう」とも読む。

寂

宀 うかんむり　11画

音 ジャク
セキ 高
さび

訓 さび(しい)
さび(れる)

意味 しずかでさびしい・僧が死ぬこと

語句 ※1 寂寂《じゃくじゃく》・※2 寂然《せきぜん》・静寂《せいじゃく》・入寂《にゅうじゃく》

用例 寂寂として物音一つ聞こえない。夜の**静寂**を破る。高僧が**入寂**した。

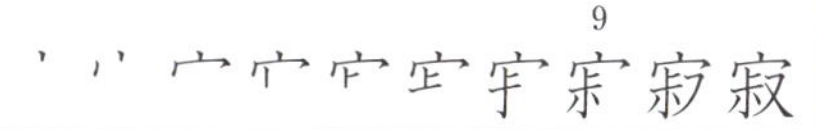

朱

木 き　6画

音 シュ

訓 ——

意味 だいだい色がかった赤

語句 朱色《しゅいろ》・朱印《しゅいん》・朱肉《しゅにく》・朱筆《しゅひつ》・丹朱《たんしゅ》

用例 **朱印**船が海外へ渡航した。**朱筆**を加える。**丹朱**の色が鮮やかである。

狩

犭 けものへん　9画

音 シュ

訓 か(る)
か(り)

意味 かりをする

語句 狩猟《しゅりょう》・紅葉狩《もみじが》り

用例 農耕民族と**狩猟**民族。家族で海岸へ**紅葉狩り**に出かける。

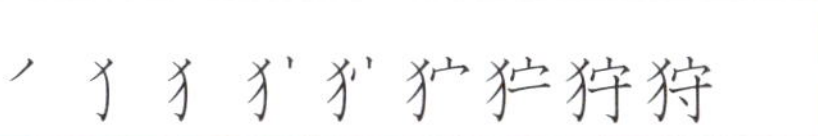

趣

走 そうにょう　15画

音 シュ

訓 おもむき

意味 しみじみとした味わい・考え・好み

語句 趣意《しゅい》・趣向《しゅこう》・趣味《しゅみ》・情趣《じょうしゅ》・野趣《やしゅ》

用例 会の**趣意**を説明する。**趣向**をこらす。**趣味**は読書です。**情趣**に富む風景。

需

⻗ あめかんむり　14画

音 ジュ

訓 ——

意味 必要とする・もとめる

語句 需給《じゅきゅう》・需要《じゅよう》・特需《とくじゅ》・内需《ないじゅ》・必需《ひつじゅ》

用例 **需給**のバランスが良い。**需要**が多い。**特需**景気が起こる。これは**必需**品だ。

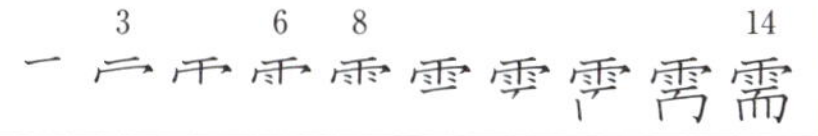

※1「せきせき」とも読む。
※2「じゃくねん」とも読む。

舟

舟 ふね　6画

音 シュウ
訓 ふね　ふな

意味 こぶね
語句 舟運《しゅううん》・舟航《しゅうこう》・舟遊《ふなあそ》び・舟歌《ふなうた》・釣《つ》り舟《ぶね》
用例 この川は**舟運**の利便性が高い。海岸を**舟航**する。**釣り舟**を仕立てる。

秀

禾 のぎ　7画

音 シュウ
訓 ひい(でる) 高

意味 すぐれている・ぬきんでている
語句 秀歌《しゅうか》・秀才《しゅうさい》・秀作《しゅうさく》・秀抜《しゅうばつ》・優秀《ゆうしゅう》
用例 万葉の**秀歌**を選ぶ。村一番の**秀才**だ。**秀作**に賞を贈る。**秀抜**な成績を残す。

襲

衣 ころも　22画

音 シュウ
訓 おそ(う)

意味 不意に攻める・あとをつぐ
語句 襲撃《しゅうげき》・襲名《しゅうめい》・襲来《しゅうらい》・因襲《いんしゅう》・踏襲《とうしゅう》
用例 **襲名**披露《ひろう》をする。台風が**襲来**する。**因襲**を打破する。前例を**踏襲**する。

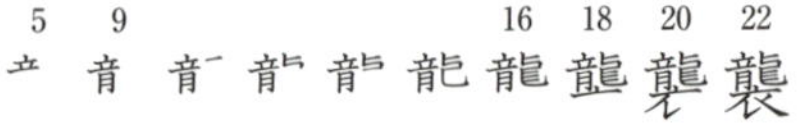

柔

木 き　9画

音 ジュウ　ニュウ
訓 やわ(らか)　やわ(らかい)

意味 やわらかい・やさしい・てなずける
語句 柔順《じゅうじゅん》・柔道《じゅうどう》・柔軟《じゅうなん》・柔和《にゅうわ》・優柔不断《ゆうじゅうふだん》
用例 **柔順**な動物だ。**柔道**の練習をする。**柔軟**に対処する。**優柔不断**な性格だ。

獣

犬 いぬ　16画

音 ジュウ
訓 けもの

意味 けもの・けだもの
語句 獣医《じゅうい》・怪獣《かいじゅう》・鳥獣《ちょうじゅう》・猛獣《もうじゅう》・野獣《やじゅう》
用例 牛を**獣医**にみてもらう。**怪獣**映画を見る。国宝に**鳥獣**戯画がある。

瞬

目 めへん　18画

音 シュン
訓 またた(く)㊫

意味 ごく短い時間・まばたきをする
語句 瞬間《しゅんかん》・瞬時《しゅんじ》・一瞬《いっしゅん》
用例 それは**瞬間**の出来事だった。**瞬時**に見分ける。**一瞬**耳を疑う。

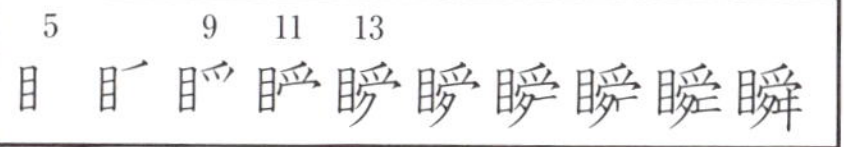

旬

日 ひ　6画

音 ジュン シュン
訓 ―

意味 一か月のうちの十日間・野菜などのしゅん
語句 旬刊《じゅんかん》・旬報《じゅんぽう》・初旬《しょじゅん》・中旬《ちゅうじゅん》
用例 **旬刊**雑誌を買う。四月の**初旬**が桜の見ごろだ。今月の**中旬**に帰国する。

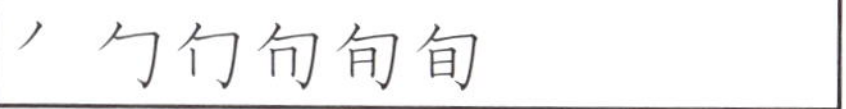

巡

巛 かわ　6画

音 ジュン
訓 めぐ(る)

意味 ひとまわりする・各地をまわって歩く
語句 巡回《じゅんかい》・巡視《じゅんし》・巡礼《じゅんれい》・お巡《まわ》りさん
用例 **巡回**図書館を待つ。構内を**巡視**する。**巡礼**の旅に出る。

盾

目 め　9画

音 ジュン
訓 たて

意味 やりや矢などを防ぐ武器・たて
語句 矛盾《むじゅん》・後《うし》ろ盾《だて》
用例 彼女は思想と行動が**矛盾**している。**後ろ盾**になる人がいなくなった。

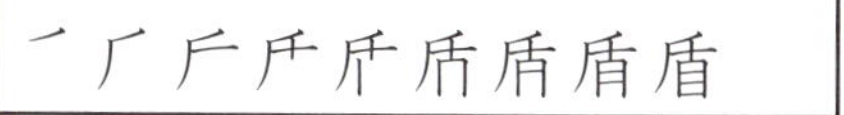

召

口 くち　5画

音 ショウ
訓 め(す)

意味 上のものが呼びよせる
語句 召喚《しょうかん》・召還《しょうかん》・召集《しょうしゅう》・召致《しょうち》・応召《おうしょう》
用例 証人を裁判所に**召喚**する。外交官を本国へ**召還**する。国会を**召集**する。

床

广（まだれ） 7画

音 ショウ
訓 とこ／ゆか

意味 ねどこ・台の形をしたもの・地層・地盤
語句 温床《おんしょう》・起床《きしょう》・鉱床《こうしょう》・床《とこ》の間《ま》・床下《ゆかした》
用例 悪の温床を絶つ。朝早く起床する。鉱床の採掘。豪雨で床下浸水する。

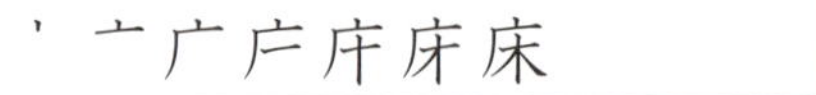

沼

氵（さんずい） 8画

音 ショウ㊢
訓 ぬま

意味 どろ深い大きな池・ぬま
語句 沼沢《しょうたく》・湖沼《こしょう》・※1沼地《ぬまち》・※2泥沼《どろぬま》
用例 湖沼が多く点在する。沼地の水辺にアシが生えている。

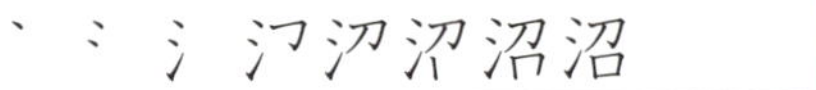

称

禾（のぎへん） 10画

音 ショウ
訓 ——

意味 つりあう・名づける・ほめる
語句 称号《しょうごう》・称賛《しょうさん》・愛称《あいしょう》・対称《たいしょう》・名称《めいしょう》
用例 称号を贈る。称賛を浴びる。愛称で呼ぶ。左右対称だ。名称を考える。

紹

糸（いとへん） 11画

音 ショウ
訓 ——

意味 ひきあわせる・とりもつ・つぐ
語句 紹介《しょうかい》・紹述《しょうじゅつ》
用例 日本の伝統芸能を海外に紹介する。先賢《せんけん》の偉業を紹述する。

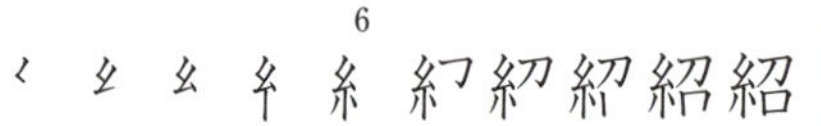

詳

言（ごんべん） 13画

音 ショウ
訓 くわ(しい)

意味 くわしい・つまびらかなこと
語句 詳解《しょうかい》・詳細《しょうさい》・詳述《しょうじゅつ》・詳報《しょうほう》・未詳《みしょう》
用例 問題の詳解を読む。詳細な記録を残す。「竹取物語」は作者未詳である。

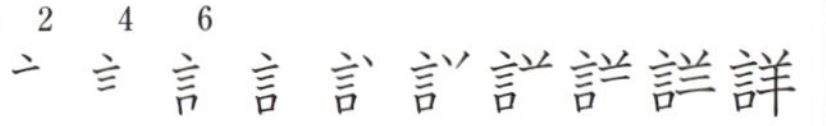

※1「しょうち」とも読む。
※2「でいしょう」とも読む。

丈

一 いち 3画

音 ジョウ

訓 たけ

意味 強い・長さの単位・長老への敬称

語句 丈尺《じょうしゃく》・丈夫《じょうぶ》・頑丈《がんじょう》・気丈《きじょう》・背丈《せたけ》

用例 丈尺で長さを測る。丈夫な子に育てる。頑丈な体だ。気丈な女性である。

一ナ丈

畳

田 た 12画

音 ジョウ

訓 たた(む) たたみ

意味 かさねる・たたみを数える言葉

語句 畳語《じょうご》・畳用《じょうよう》・重畳《ちょうじょう》・畳敷《たたみじ》き・青畳《あおだたみ》

用例 同じ単語を重ねた語を畳語という。青畳を敷いたような海。

殖

歹 かばねへん・いちたへん・がつへん 12画

音 ショク

訓 ふ(える) ふ(やす)

意味 ふえて多くなる・たくわえたもの

語句 殖産《しょくさん》・生殖《せいしょく》・繁殖《はんしょく》・養殖《ようしょく》・利殖《りしょく》

用例 殖産興業に励《はげ》む。細菌《さいきん》が繁殖する。カキを養殖する。

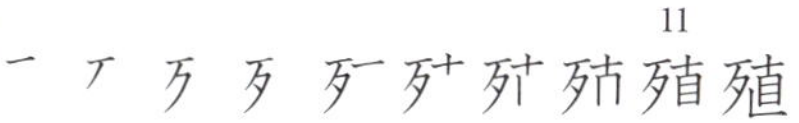

飾

食 しょくへん 13画

音 ショク

訓 かざ(る)

意味 かざる・よそおう

語句 虚飾《きょしょく》・修飾《しゅうしょく》・装飾《そうしょく》・服飾《ふくしょく》・粉飾《ふんしょく》

用例 修飾語を多用する。店内を装飾する。服飾に興味がある。粉飾決算をする。

触

角 つのへん 13画

音 ショク

訓 ふ(れる) さわ(る)

意味 何かにふれる・あたる

語句 触手《しょくしゅ》・触発《しょくはつ》・触角《しょっかく》・感触《かんしょく》・接触《せっしょく》

用例 触手をのばす。友の言葉に触発される。毛織物の感触。車の接触事故。

侵

亻 にんべん 9画

意味 おかす・すすむ・やぶる・入りこむ

語句 侵害《しんがい》・侵食《しんしょく》・侵入《しんにゅう》・侵犯《しんぱん》・侵略《しんりゃく》

用例 権利を**侵害**される。無断で**侵入**する。領空を**侵犯**する。**侵略**に備える。

音 シン

訓 おか(す)

振

扌 てへん 10画

意味 ふる・ふるう・さかんにする

語句 振興《しんこう》・振動《しんどう》・振幅《しんぷく》・三振《さんしん》・不振《ふしん》

用例 基幹産業を**振興**する。**振動**が激しい。**振幅**が大きい。商売が**不振**だ。

音 シン

訓 ふ(る)
ふ(るう)
ふ(れる)

浸

氵 さんずい 10画

意味 水につかる・しみこむ

語句 浸出《しんしゅつ》・浸食《しんしょく》・浸水《しんすい》・浸透《しんとう》・浸入《しんにゅう》

用例 荒波で**浸食**される。床上**浸水**する。意識が**浸透**する。水が**浸入**する。

音 シン

訓 ひた(す)
ひた(る)

寝

宀 うかんむり 13画

意味 ねる・居室

語句 寝室《しんしつ》・寝食《しんしょく》・就寝《しゅうしん》・寝坊《ねぼう》・昼寝《ひるね》

用例 **寝室**は奥の間にした。**寝食**を忘れて仕事をする。毎日**就寝**時間が遅い。

音 シン

訓 ね(る)
ね(かす)

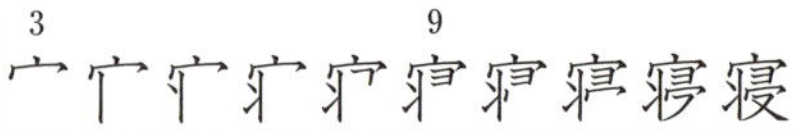

慎

忄 りっしんべん 13画

意味 気をつける・つつしむ

語句 慎重《しんちょう》・謹慎《きんしん》

用例 **慎重**に事を運ぶ。自宅で**謹慎**する。

音 シン

訓 つつし(む)

震

雨 あめかんむり　15画

音 シン
訓 ふる(う)　ふる(える)

意味 ゆれ動く・ふるう
語句 震源《しんげん》・震災《しんさい》・震度《しんど》・地震《じしん》・耐震《たいしん》
用例 震源地は近い。震災に備える。震度3の地震があった。耐震構造の建物。

薪

艹 くさかんむり　16画

音 シン
訓 たきぎ

意味 燃料用の木・まき
語句 薪水《しんすい》・薪炭《しんたん》・薪木《しんぼく》・薪能《たきぎのう》
用例 薪水の労をとる。冬に備えて薪炭を積む。

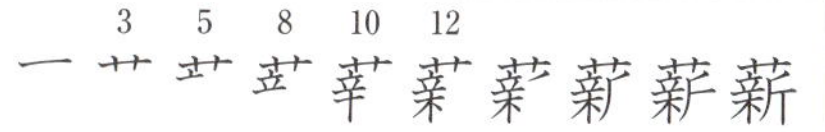

尽

尸 かばね・しかばね　6画

音 ジン
訓 つ(くす)　つ(きる)　つ(かす)

意味 全部だしきる・つくす・全部
語句 尽言《じんげん》・尽力《じんりょく》・無尽蔵《むじんぞう》・一網打尽《いちもうだじん》
用例 尽言して説得する。再建に尽力する。天然資源は無尽蔵ではない。

陣

阝 こざとへん　10画

音 ジン
訓 ——

意味 じんだて・いくさ・にわかに
語句 陣営《じんえい》・陣痛《じんつう》・陣頭《じんとう》・初陣《ういじん》・退陣《たいじん》
用例 革新陣営が勢いづく。陣痛が始まる。陣頭指揮に立つ。退陣を迫る。

尋

寸 すん　12画

音 ジン
訓 たず(ねる)

意味 ききただす・ふつう・ひろ(長さの単位)
語句 尋常《じんじょう》・尋問《じんもん》・千尋《せんじん》・尋《たず》ね人《びと》
用例 尋常な手段では大成しない。尋問を受ける。山道の片側は千尋の谷だ。

吹

口 くちへん 7画

音 スイ

訓 ふ(く)

意味 口でふいてならす・うそぶく・かぜ

語句 吹奏《すいそう》・吹鳴《すいめい》・吹雪《ふぶき》・息吹《いぶき》

用例 大会歌を**吹奏**する。猛**吹雪**となる。春の**息吹**に触れる。

是

日 ひ 9画

音 ゼ

訓 ——

意味 ただしい・よいと認める・方針・これ

語句 是正《ぜせい》・是認《ぜにん》・是非《ぜひ》・国是《こくぜ》・社是《しゃぜ》

用例 欠点を**是正**する。行為を**是認**する。**是非**来てください。**社是**に従う。

井

二 に 4画

音 セイ(高) ショウ

訓 い

意味 いど・いげた・家の多いところ

語句 井泉《せいせん》・井《せい》(整)然《ぜん》・市井《しせい》・天井《てんじょう》・井戸《いど》

用例 清らかな**井泉**。**井然**とした水田だ。**市井**の声を聞く。**天井**知らずの上昇《じょうしょう》。

姓

女 おんなへん 8画

音 セイ ショウ

訓 ——

意味 みょうじ・家系・人民

語句 姓名《せいめい》・旧姓《きゅうせい》・同姓《どうせい》・素姓《すじょう》・百姓《ひゃくしょう》

用例 **姓名**を明記する。**旧姓**は山田です。彼とは**同姓**同名だ。**素姓**を隠す。

征

彳 ぎょうにんべん 8画

音 セイ

訓 ——

意味 たたかいにいく

語句 征途《せいと》・征討《せいとう》・征伐《せいばつ》・征服《せいふく》・遠征《えんせい》

用例 反乱軍が**征討**される。自然を**征服**する。**遠征**試合で地方に出かける。

跡

足 あしへん 13画

音 セキ
訓 あと

意味 あしあと・何かがおこなわれたあと
語句 遺跡《いせき》・奇跡《きせき》・史跡《しせき》・追跡《ついせき》・跡形《あとかた》
用例 **遺跡**を見つける。**奇跡**が起こった。犯人を**追跡**する。**跡形**もなく消える。

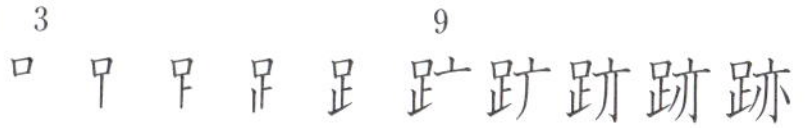

占

ト と・うらない 5画

音 セン
訓 し(める) うらな(う)

意味 うらなう・自分のものにする
語句 占拠《せんきょ》・占有《せんゆう》・占領《せんりょう》・寡占《かせん》・独占《どくせん》
用例 不法に**占拠**する。場所を**占有**する。**占領**軍が支配する。**独占**欲が強い。

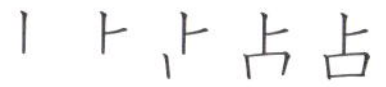

扇

戸 とだれ・とかんむり 10画

音 セン
訓 おうぎ

意味 おうぎ・とびら・あおりたてる
語句 扇状地《せんじょうち》・扇子《せんす》・扇動《せんどう》・扇風機《せんぷうき》・扇形《おうぎがた》
用例 **扇状地**に水田を開く。**扇子**で舞う。群衆を**扇動**する。**扇形**に並ぶ。

鮮

魚 うおへん 17画

音 セン
訓 あざ(やか)

意味 あざやか・あたらしい・すくない
語句 鮮魚《せんぎょ》・鮮血《せんけつ》・鮮度《せんど》・鮮明《せんめい》・新鮮《しんせん》
用例 **鮮魚**を売る。**鮮血**が流れる。**鮮度**が落ちる。**鮮明**な色彩だ。**新鮮**な野菜。

訴

言 ごんべん 12画

音 ソ
訓 うった(える)

意味 裁判をもとめる・不満をうったえる
語句 訴訟《そしょう》・訴状《そじょう》・起訴《きそ》・控訴《こうそ》・告訴《こくそ》
用例 民事**訴訟**を起こす。**起訴**に持ち込む。上級の裁判所に**控訴**する。

僧

イ（にんべん） 13画

音 ソウ
訓 ──

意味 坊《ぼう》さん

語句 僧衣《そうい》・僧侶《そうりょ》・学僧《がくそう》・高僧《こうそう》・尼僧《にそう》

用例 **僧衣**をまとう。出家して**僧侶**となる。著名な**高僧**の法話を聞いた。

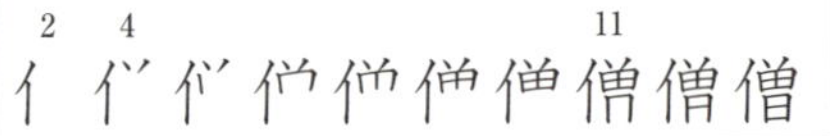

燥

火（ひへん） 17画

音 ソウ
訓 ──

意味 かわく・いらだつ

語句 乾燥《かんそう》・枯燥《こそう》・高燥《こうそう》・焦燥《しょうそう》

用例 空気が**乾燥**する。枝葉が**枯燥**する。形勢利あらず**焦燥**感に駆られる。

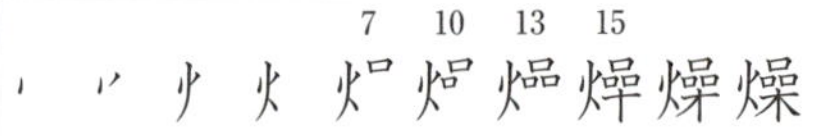

騒

馬（うまへん） 18画

音 ソウ
訓 さわ(ぐ)

意味 さわがしい・みだれる

語句 騒音《そうおん》・騒然《そうぜん》・騒動《そうどう》・狂騒《きょうそう》・物騒《ぶっそう》

用例 **騒音**の防止。場内は**騒然**となる。都会の**狂騒**から逃れる。**物騒**な世の中。

贈

貝（かいへん） 18画

音 ゾウ ソウ
訓 おく(る)

意味 人にお金や物をおくる・おくりもの

語句 贈答《ぞうとう》・贈与《ぞうよ》・贈賄《ぞうわい》・※寄贈《きぞう》・恵贈《けいぞう》

用例 書状を**贈答**する。**贈与**税を支払う。**贈賄**の罪を問う。本を**寄贈**する。

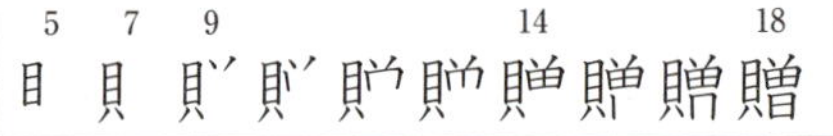

即

卩（わりふ・ふしづくり） 7画

音 ソク
訓 ──

意味 つく・すぐ・すなわち・ただちに

語句 即位《そくい》・即応《そくおう》・即座《そくざ》・即決《そっけつ》・即刻《そっこく》

用例 天皇に**即位**する。時代の流れに**即応**する。**即座**に答える。**即刻**対処する。

※「きそう」とも読む。

俗

イ にんべん　9画

音 ゾク
訓 ——

意味 ならわし・ありふれた・上品でない
語句 俗悪《ぞくあく》・俗説《ぞくせつ》・通俗《つうぞく》・風俗《ふうぞく》・民俗《みんぞく》
用例 **俗説**に迷わされる。**通俗**的な考え方だ。昔の**風俗**を調べる。

耐

而 しかして・しこうして　9画

音 タイ
訓 た(える)

意味 もちこたえる・がまんする
語句 耐火《たいか》・耐寒《たいかん》・耐久《たいきゅう》・耐震《たいしん》・忍耐《にんたい》
用例 **耐寒**訓練をする。**耐久**テストを行う。**耐震**構造の家。**忍耐**強い人だ。

替

曰 ひらび・いわく　12画

音 タイ
訓 か(える)
か(わる)

意味 入れかわる・おとろえる
語句 交替《こうたい》・代替《だいたい》・替《か》え歌《うた》・両替《りょうがえ》・為替《かわせ》
用例 当番が**交替**する。**代替**バスが出る。**替え歌**がはやる。**両替**してもらう。

沢

氵 さんずい　7画

音 タク
訓 さわ

意味 さわ・ゆたか・つや
語句 恩沢《おんたく》・光沢《こうたく》・潤沢《じゅんたく》・沼沢《しょうたく》・沢渡《さわた》り
用例 **恩沢**の雨を待つ。**光沢**のある布だ。**沼沢**地帯を行く。**沢渡り**をする。

拓

扌 てへん　8画

音 タク
訓 ——

意味 ひらく・形を墨《すみ》で紙に写しとること
語句 拓殖《たくしょく》・拓本《たくほん》・開拓《かいたく》・干拓《かんたく》・魚拓《ぎょたく》
用例 碑文《ひぶん》の**拓本**を取る。原野を**開拓**する。**干拓**地を広げる。**魚拓**を取る。

濁

さんずい 氵 16画

音 ダク

訓 にご(る)　にご(す)

意味 にごる・けがれ・みだれる

語句 濁音《だくおん》・濁流《だくりゅう》・汚濁《おだく》・清濁《せいだく》・濁《にご》り酒《ざけ》

用例 濁流が岸壁をけずる。湖水が汚濁する。清濁あわせのむ。濁り酒を飲む。

脱

にくづき 月 11画

音 ダツ

訓 ぬ(ぐ)　ぬ(げる)

意味 ぬぐ・のがれる・とりのぞく・はずれる

語句 脱衣《だつい》・脱出《だっしゅつ》・逸脱《いつだつ》・解脱《げだつ》・離脱《りだつ》

用例 脱衣かごに入れる。危機を脱出する。党を離脱して無所属になる。

丹

てん 丶 4画

音 タン

訓 ―

意味 赤・心をこめる・ねった丸薬

語句 丹青《たんせい》・丹精《たんせい》・丹頂《たんちょう》・丹念《たんねん》

用例 丹精して作った作品。丹頂鶴《づる》は天然記念物だ。工芸品を丹念に仕上げる。

淡

さんずい 氵 11画

音 タン

訓 あわ(い)

意味 色がうすい・あっさりと・塩分がない

語句 淡紅《たんこう》・淡水《たんすい》・淡泊《たんぱく》(白)・枯淡《こたん》・冷淡《れいたん》

用例 淡紅色の花びら。淡泊な味だ。枯淡の境地に達する。冷淡な態度を示す。

嘆

くちへん 口 13画

音 タン

訓 なげ(く)　なげ(かわしい)

意味 なげく・ほめたたえる・ためいき

語句 嘆願《たんがん》・嘆声《たんせい》・感嘆《かんたん》・驚嘆《きょうたん》・悲嘆《ひたん》

用例 嘆願書を出す。嘆声をもらす。驚嘆の声を上げる。悲嘆の涙に暮れる。

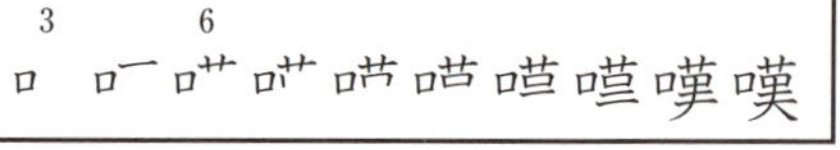

端

立《たつへん》 14画

音 タン
訓 はし
は(高)
はた

意味 きちんとしている・物事のはじまり

語句 端正《たんせい》・極端《きょくたん》・先端《せんたん》・発端《ほったん》・端数《はすう》

用例 端正な顔立ち。極端な意見だ。流行の先端を行く。端数を切り捨てる。

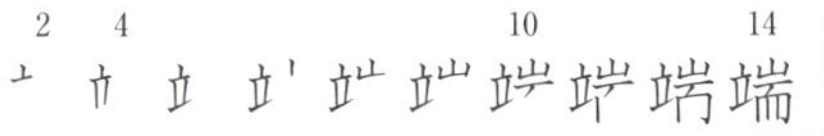

弾

弓《ゆみへん》 12画

音 ダン
ひ(く)
訓 はず(む)
たま

意味 たま・はじく・非難する・弦楽器《げんがっき》をひく

語句 弾圧《だんあつ》・弾性《だんせい》・弾奏《だんそう》・糾弾《きゅうだん》・爆弾《ばくだん》

用例 異教徒として弾圧を受ける。弾性のテストをする。ギターを弾奏する。

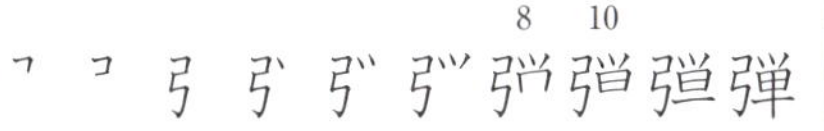

恥

心《こころ》 10画

音 チ
は(じる)
訓 はじ
は(じらう)
は(ずかしい)

意味 きまりがわるい・はずかしい

語句 恥辱《ちじょく》・恥部《ちぶ》・破廉恥《はれんち》・無恥《むち》・生《い》き恥《はじ》

用例 恥辱を受ける。それは社会の恥部だ。厚顔無恥な人だ。生き恥をさらす。

致

至《いたる》 10画

音 チ
訓 いた(す)

意味 来させる・行き着かせる・ぴったりあう

語句 致命傷《ちめいしょう》・合致《がっち》・極致《きょくち》・筆致《ひっち》・誘致《ゆうち》

用例 両者の意見が合致した。美の極致だ。力強い筆致である。大学を誘致する。

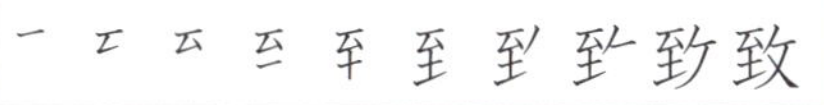

遅

辶《しんにょう・しんにゅう》 12画

音 チ
おく(れる)
訓 おく(らす)
おそ(い)

意味 時間がかかる・間に合わない

語句 遅延《ちえん》・遅刻《ちこく》・遅速《ちそく》・遅遅《ちち》・遅配《ちはい》

用例 電車が遅延する。学校に遅刻する。遅遅として進まない。郵便の遅配。

蓄

艹 くさかんむり 13画

音 チク

訓 たくわ(える)

意味 たくわえる・やしなう

語句 蓄財《ちくざい》・蓄積《ちくせき》・含蓄《がんちく》・貯蓄《ちょちく》・備蓄《びちく》

用例 蓄財に努める。ヘドロが蓄積する。含蓄のある言葉。石油を備蓄する。

沖

氵 さんずい 7画

音 チュウ 高

訓 おき

意味 おき・ふかいところ・高くあがる

語句 沖積《ちゅうせき》・沖天《ちゅうてん》・沖合《おきあ》い・沖釣《おきづ》り

用例 沖積層から化石を発掘する。沖天の志を抱く。沖合いに客船が見える。

跳

⻊ あしへん 13画

音 チョウ

訓 は(ねる)　と(ぶ)

意味 地面をけってとびはねる

語句 跳馬《ちょうば》・跳躍《ちょうやく》・高跳《たかと》び・幅跳《はばと》び

用例 体操競技の跳馬。跳躍力が秀《ひい》でる。幅跳びの世界記録が出た。

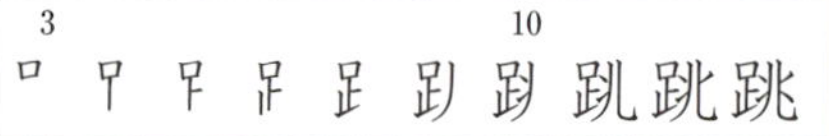

徴

彳 ぎょうにんべん 14画

音 チョウ

訓 ——

意味 まえぶれ・よびだす・とりたてる

語句 徴候《ちょうこう》・徴収《ちょうしゅう》・徴用《ちょうよう》・象徴《しょうちょう》・特徴《とくちょう》

用例 病気の徴候に注意する。会費を徴収する。ハトは平和の象徴である。

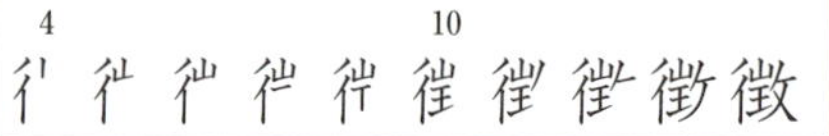

澄

氵 さんずい 15画

音 チョウ 高

訓 す(む)　す(ます)

意味 にごりがない・すんでいる

語句 澄明《ちょうめい》・清澄《せいちょう》・澄《す》まし顔《がお》・上澄《うわず》み

用例 澄明な空が広がる。清澄な笛の音色が流れる。澄まし顔で通り過ぎる。

沈

さんずい 氵 7画

音 チン

訓 しず(む) しず(める)

意味 水の底にしずむ・元気がない

語句 沈着《ちんちゃく》・沈痛《ちんつう》・沈殿《ちんでん》・沈黙《ちんもく》・消沈《しょうちん》

用例 冷静沈着に行動する。不純物が沈殿する。沈黙が続く。意気消沈する。

珍

おうへん・たまへん 王 9画

音 チン

訓 めずら(しい)

意味 めったにない・かわっていておもしろい

語句 珍客《ちんきゃく》・珍重《ちんちょう》・珍品《ちんぴん》・珍味《ちんみ》・珍妙《ちんみょう》

用例 珍客がそろう。家宝として珍重する。山海の珍味を味わう。

抵

てへん 扌 8画

音 テイ

訓 ——

意味 さからう・かわりになる・だいたい

語句 抵抗《ていこう》・抵触《ていしょく》・抵当《ていとう》・大抵《たいてい》

用例 むだな抵抗だ。法に抵触する。家を抵当に入れる。大抵のことはできる。

堤

つちへん 土 12画

音 テイ

訓 つつみ

意味 どて・つつみ

語句 堤防《ていぼう》・長堤《ちょうてい》・突堤《とってい》・防波堤《ぼうはてい》

用例 堤防を築く。洪水《こうずい》に備え長堤を造る。波が激しく突堤に打ちつける。

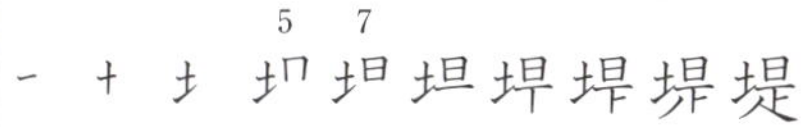

摘

てへん 扌 14画

音 テキ

訓 つ(む)

意味 つまみとる・選び出す・とりだして示す

語句 摘出《てきしゅつ》・摘発《てきはつ》・摘要《てきよう》・※摘記《てっき》・指摘《してき》

用例 がんの摘出手術。脱税を摘発する。要点を摘記する。欠点を指摘される。

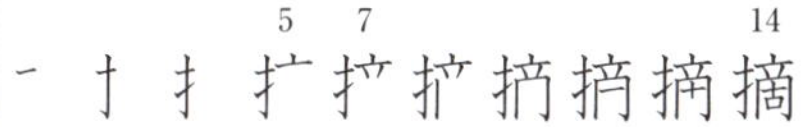

※「てきき」とも読む。

滴

氵 さんずい 14画

音 テキ

訓 しずく / したた(る)高

意味 したたる・しずく

語句 滴下《てきか》・一滴《いってき》・水滴《すいてき》・点滴《てんてき》・余滴《よてき》

用例 試薬を**滴下**する。酒は**一滴**も飲めない。**水滴**を垂らす。**点滴**を受ける。

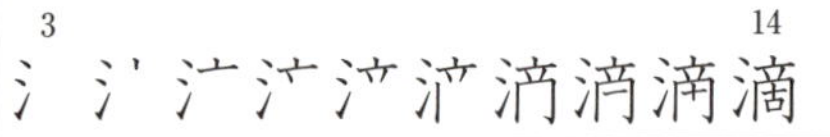

添

氵 さんずい 11画

音 テン

訓 そ(える) / そ(う)

意味 つけ加える・そえもの

語句 添加《てんか》・添《てん》(点)景《けい》・添削《てんさく》・添書《てんしょ》・添付《てんぷ》

用例 食品**添加**物を制限する。絵に**添景**を加える。写真を**添付**する。

殿

殳 るまた・ほこづくり 13画

音 デン / テン

訓 との / どの

意味 大きい建物・人をうやまってよぶ言葉

語句 殿下《でんか》・殿堂《でんどう》・貴殿《きでん》・宮殿《きゅうでん》・殿様《とのさま》

用例 美の**殿堂**を見る。**貴殿**にお願い申し上げます。**殿様**商売をしている。

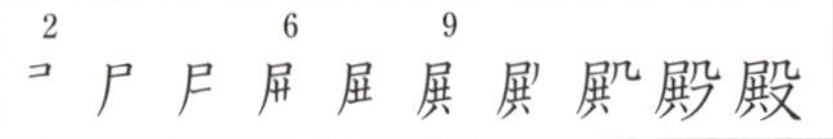

吐

口 くちへん 6画

音 ト

訓 は(く)

意味 口からはく・出す

語句 吐息《といき》・吐血《とけつ》・吐露《とろ》・吐《は》き気《け》

用例 **吐息**をつく。**吐血**して倒れる。真情を**吐露**する。**吐き気**をもよおす。

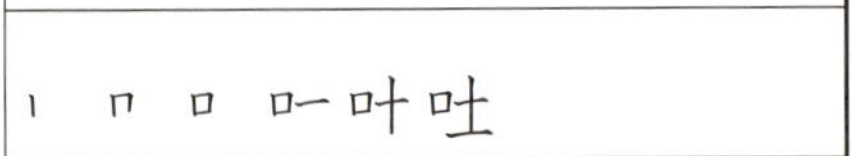

途

辶 しんにょう・しんにゅう 10画

音 ト

訓 ――

意味 行き来するみち・目的・方法

語句 途中《とちゅう》・途方《とほう》・前途《ぜんと》・別途《べっと》・用途《ようと》

用例 **途中**から引き返す。**途方**に暮れる。**前途**有望な青年だ。**用途**が広い。

渡

氵 さんずい 12画

音 ト
訓 わた(る) わた(す)

意味 わたる・人手にわたす・移る
語句 渡河《とか》・渡航《とこう》・渡米《とべい》・渡来《とらい》・譲渡《じょうと》
用例 小舟で**渡河**する。外国に**渡航**する。単身で**渡米**する。資産を**譲渡**する。

奴

女 おんなへん 5画

音 ド
訓 ――

意味 自由のない使用人・人をののしる言葉
語句 奴僕《どぼく》・奴隷《どれい》・守銭奴《しゅせんど》・農奴《のうど》
用例 しもべのことを**奴僕**という。**奴隷**制は禁止されている。**農奴**を解放する。

怒

心 こころ 9画

音 ド
訓 いか(る) おこ(る)

意味 腹を立てる・はげしい
語句 怒気《どき》・怒号《どごう》・怒声《どせい》・喜怒哀楽《きどあいらく》・激怒《げきど》
用例 **怒気**を帯びる。風と波が**怒号**する。**喜怒哀楽**が激しい。父は**激怒**した。

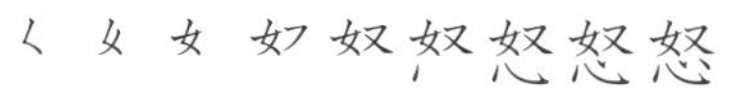

到

刂 りっとう 8画

音 トウ
訓 ――

意味 いたる・いきとどく
語句 到達《とうたつ》・到着《とうちゃく》・到底《とうてい》・殺到《さっとう》・周到《しゅうとう》
用例 目標に**到達**する。予定通り**到着**する。**到底**かなわない。用意**周到**な計画。

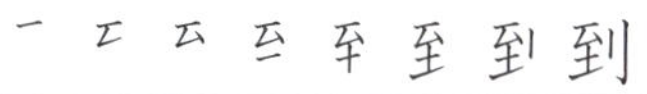

逃

辶 しんにょう・しんにゅう 9画

音 トウ
訓 に(げる) に(がす) のが(す) のが(れる)

意味 にげる・さける・まぬかれる
語句 逃走《とうそう》・逃避《とうひ》・逃亡《とうぼう》・逃《に》げ腰《ごし》
用例 現実から**逃避**する。**逃亡**生活を送る。**逃げ腰**でものを言う。

倒

亻（にんべん） 10画

音 トウ
訓 たお(れる) たお(す)

意味 さかさま・たおれる・一方にかたむく
語句 倒壊《とうかい》・倒産《とうさん》・圧倒《あっとう》・卒倒《そっとう》・打倒《だとう》
用例 老朽した家屋が**倒壊**した。親会社が**倒産**する。勢いに**圧倒**される。

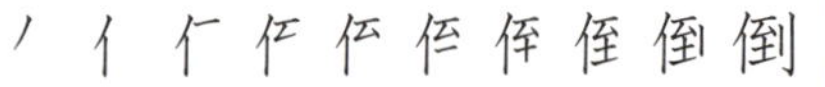

唐

口（くち） 10画

音 トウ
訓 から

意味 大げさな言葉・とつぜん・中国
語句 唐詩《とうし》・唐人《とうじん》・唐突《とうとつ》・唐紙《からかみ》・唐草《からくさ》
用例 唐時代の漢詩を**唐詩**という。**唐突**な質問だ。**唐草**模様の風呂敷《ふろしき》を使う。

桃

木（きへん） 10画

音 トウ
訓 もも

意味 果実のもも
語句 桃園《とうえん》・桃源郷《とうげんきょう》・桜桃《おうとう》・白桃《はくとう》
用例 **桃源郷**に遊ぶ夢を見る。**白桃**は甘味が強い。

透

⻌（しんにょう・しんにゅう） 10画

音 トウ
訓 す(く) す(かす) す(ける)

意味 すきとおる・とおりぬける
語句 透過《とうか》・透視《とうし》・透写《とうしゃ》・透明《とうめい》・浸透《しんとう》
用例 光が**透過**する。X線で**透視**する。無色**透明**な液体。中流意識が**浸透**する。

盗

皿（さら） 11画

音 トウ
訓 ぬす(む)

意味 ぬすむ
語句 盗作《とうさく》・盗難《とうなん》・盗品《とうひん》・盗塁《とうるい》・強盗《ごうとう》
用例 詩を**盗作**する。**盗難**にあう。**盗塁**王になる。**強盗**の容疑で捕らえる。

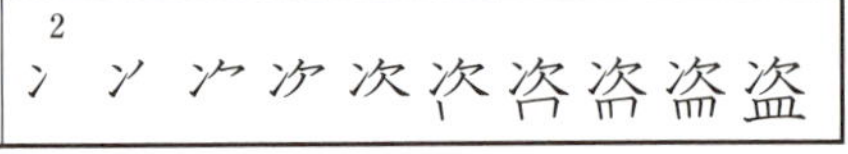

塔

土 つちへん 12画

音 トウ

訓 ——

意味 仏骨などを納める建物・高く細長い建物

語句 金字塔《きんじとう》・寺塔《じとう》・鉄塔《てっとう》・仏塔《ぶっとう》・宝塔《ほうとう》

用例 夕暮れの空に**寺塔**がそびえる。**鉄塔**がひっそりと立っている。

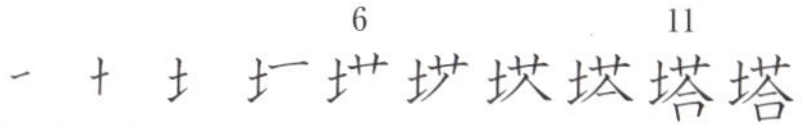

稲

禾 のぎへん 14画

音 トウ

訓 いね いな

意味 いね

語句 水稲《すいとう》・晩稲《ばんとう》・稲作《いなさく》・稲妻《いなずま》・稲穂《いなほ》

用例 **水稲**地帯が広がる。今年の**稲作**は良好だ。**稲妻**が走る。**稲穂**がゆれる。

踏

⻊ あしへん 15画

音 トウ

訓 ふ(む) ふ(まえる)

意味 足でふむ・歩く・うけつぐ

語句 踏査《とうさ》・踏襲《とうしゅう》・雑踏《ざっとう》・未踏《みとう》・踏切《ふみきり》

用例 現地を**踏査**する。先達の芸を**踏襲**する。都会の**雑踏**。人跡**未踏**の地。

闘

門 もんがまえ 18画

音 トウ

訓 たたか(う)

意味 あらそう・たたかう

語句 闘牛《とうぎゅう》・闘志《とうし》・闘争《とうそう》・格闘《かくとう》・健闘《けんとう》

用例 **闘志**を燃やす。**闘争**を繰り返した。**格闘**技が好きだ。**健闘**をたたえる。

胴

月 にくづき 10画

音 ドウ

訓 ——

意味 からだや物の中央の部分

語句 胴上《どうあ》げ・胴衣《どうい》・胴体《どうたい》・胴元《どうもと》・双胴船《そうどうせん》

用例 優勝選手を**胴上げ**する。救命**胴衣**を着ける。飛行機が**胴体**着陸をした。

峠

山 やまへん　9画

音——

訓とうげ

意味　上りと下りの境目・勢いのさかんなとき

語句　峠越《とうげご》え・峠茶屋《とうげぢゃや》・峠道《とうげみち》

用例　歩いて**峠越え**をする。**峠茶屋**で一服する。**峠道**を越えて隣村へ行く。

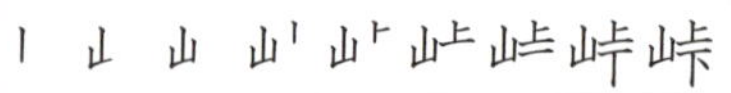

突

穴 あなかんむり　8画

音トツ

訓つ(く)

意味　ぶつかる・つき出る・とびこむ

語句　突起《とっき》・突進《とっしん》・突然《とつぜん》・煙突《えんとつ》・激突《げきとつ》

用例　**突起**物に注意せよ。前方に**突進**する。**突然**現れる。車が**激突**する。

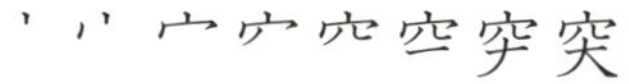

鈍

金 かねへん　12画

音ドン

訓にぶ(い)　にぶ(る)

意味　にぶい・よく切れない・90度より大きい角

語句　鈍化《どんか》・鈍角《どんかく》・鈍感《どんかん》・鈍器《どんき》・鈍痛《どんつう》

用例　人口増加率が**鈍化**する。皮肉の通じない**鈍感**な人だ。胃に**鈍痛**がある。

曇

日 ひ　16画

音ドン

訓くも(る)

意味　くもる・雲が空にひろがる

語句　曇色《どんしょく》・曇天《どんてん》・薄曇《うすぐも》り・花曇《はなぐも》り

用例　**曇色**が山々を包む。毎日うっとうしい**曇天**が続く。

弐

弋 しきがまえ　6画

音ニ

訓——

意味　「二」にかわる字

語句　弐万円《にまんえん》・金弐千円《きんにせんえん》

用例　額面**弐万円**の小切手を切る。

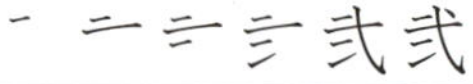

悩

忄 りっしんべん　10画

音 ノウ
訓 なや(む)　なや(ます)

意味 思いなやむ・なやます
語句 悩殺《のうさつ》・苦悩《くのう》・煩悩《ぼんのう》
用例 流し目で**悩殺**する。**苦悩**の表情をする。見かけによらず子**煩悩**な人だ。

濃

氵 さんずい　16画

音 ノウ
訓 こ(い)

意味 味，色などがこい・密度が高い
語句 濃厚《のうこう》・濃縮《のうしゅく》・濃淡《のうたん》・濃度《のうど》・濃霧《のうむ》
用例 **濃厚**な味つけをする。**濃縮**ジュースに人気がある。不純物の**濃度**が高い。

杯

木 きへん　8画

音 ハイ
訓 さかずき

意味 さかずき・コップなどの中身を数える語
語句 一杯《いっぱい》・乾杯《かんぱい》・玉杯《ぎょくはい》・苦杯《くはい》・祝杯《しゅくはい》
用例 コップ**一杯**の水。**乾杯**の音頭《おんど》をとる。**苦杯**をなめる。皆で**祝杯**を挙げる。

輩

車 くるま　15画

音 ハイ
訓 ——

意味 なかま・つぎつぎとならぶ
語句 輩出《はいしゅつ》・先輩《せんぱい》・同輩《どうはい》・年輩《ねんぱい》
用例 すぐれた作家を**輩出**する。**先輩**の指示を仰ぐ。同じ**年輩**の人と集まる。

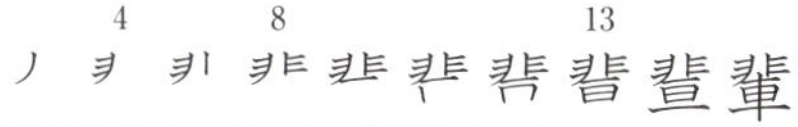

拍

扌 てへん　8画

音 ハク　ヒョウ
訓 ——

意味 うつ・たたく・音楽的な調子
語句 拍車《はくしゃ》・拍手《はくしゅ》・拍子《ひょうし》・一拍《いっぱく》・心拍数《しんぱくすう》
用例 攻撃に**拍車**をかける。**拍手**が鳴りやまない。**拍子**木を打つ。**一拍**休む。

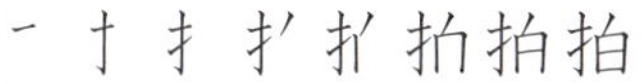

泊

さんずい 氵 8画

音 ハク
訓 と(まる) と(める)

意味 舟をとめる・やどり・さっぱりしている
語句 仮泊《かはく》・外泊《がいはく》・宿泊《しゅくはく》・淡泊《たんぱく》(白)・停泊《ていはく》
用例 外泊の許可をとる。京都に宿泊する。金銭に淡泊だ。港に停泊する。

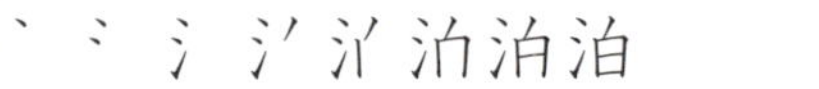

迫

しんにょう・しんにゅう 辶 8画

音 ハク
訓 せま(る)

意味 強くせまる・せっぱつまる・くるしめる
語句 迫害《はくがい》・圧迫《あっぱく》・気迫《きはく》・切迫《せっぱく》・肉迫《にくはく》(薄)
用例 異教徒を迫害した。胸を圧迫される。気迫が込もる。切迫した状態。

薄

くさかんむり 艹 16画

音 ハク
訓 うす(い) うす(める) うす(まる) うす(らぐ) うす(れる)

意味 うすい・わずか・あさはか・ちかづく
語句 薄弱《はくじゃく》・薄情《はくじょう》・軽薄《けいはく》・肉薄《にくはく》(迫)・薄着《うすぎ》
用例 意志薄弱なやつだ。薄情な人だ。軽薄な言動を慎む。トップに肉薄する。

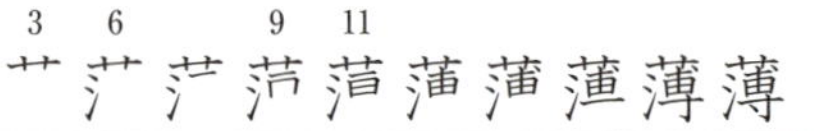

爆

ひへん 火 19画

音 バク
訓 ——

意味 破裂《はれつ》する・「爆弾」の略・はじける
語句 爆音《ばくおん》・爆撃《ばくげき》・爆破《ばくは》・爆発《ばくはつ》・原爆《げんばく》
用例 爆音がとどろいた。爆撃を受ける。建物を爆破する。火山が爆発する。

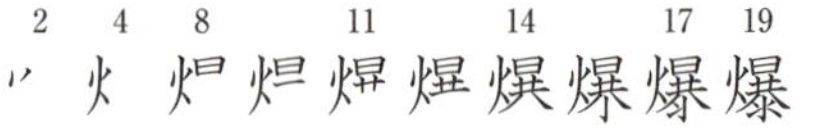

髪

かみがしら 髟 14画

音 ハツ
訓 かみ

意味 かみ
語句 整髪《せいはつ》・頭髪《とうはつ》・毛髪《もうはつ》・髪型《かみがた》・※白髪《しらが》
用例 整髪料の香り。頭髪を整える。髪型を変える。白髪の老人。

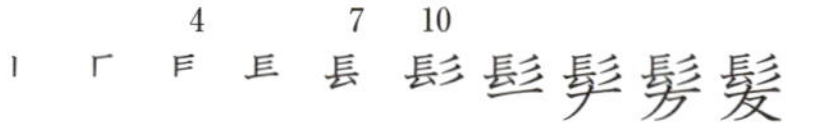

※「はくはつ」とも読む。

抜
扌 てへん
7画

音 バツ
訓 ぬ(く)
ぬ(ける)
ぬ(かす)
ぬ(かる)

意味 ぬく・えらび出す・とびぬけている

語句 抜群《ばつぐん》・抜糸《ばっし》・抜歯《ばっし》・奇抜《きばつ》・選抜《せんばつ》

用例 **抜群**の成績。手術後の**抜糸**をする。**奇抜**な発想だ。代表に**選抜**される。

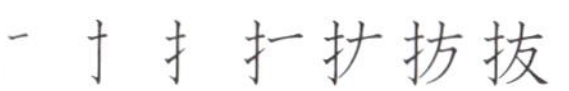

罰
罒 あみがしら・あみめ・よこめ
14画

音 バツ
バチ
訓 ——

意味 こらしめ

語句 罰金《ばっきん》・罰則《ばっそく》・処罰《しょばつ》・賞罰《しょうばつ》・天罰《てんばつ》

用例 **罰金**を課す。**罰則**を改正する。**処罰**を受ける。**賞罰**を明らかにする。

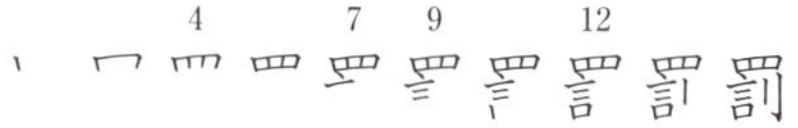

般
舟 ふねへん
10画

音 ハン
訓 ——

意味 同じ様な物事・(この)たび・(さき)ごろ

語句 一般《いっぱん》・今般《こんぱん》・諸般《しょはん》・先般《せんぱん》・全般《ぜんぱん》

用例 それは**一般**的だ。**今般**左記へ転居しました。**諸般**の事情を推察する。

販
貝 かいへん
11画

音 ハン
訓 ——

意味 品物を売る

語句 販売《はんばい》・販路《はんろ》・市販《しはん》・直販《ちょくはん》

用例 安価で**販売**する。**販路**を拡張する。この本は**市販**されている。

搬
扌 てへん
13画

音 ハン
訓 ——

意味 荷物をはこぶ

語句 搬出《はんしゅつ》・搬送《はんそう》・搬入《はんにゅう》・運搬《うんぱん》

用例 商品を倉庫から**搬出**する。ピアノを**搬送**する。荷物を**運搬**する。

範

⺮ たけかんむり 15画

音 ハン

訓 ——

意味 てほん・きまり・一定のくぎり

語句 範囲《はんい》・範例《はんれい》・規範《きはん》・垂範《すいはん》・模範《もはん》

用例 テリトリーの**範囲**を決める。社会の**規範**を示す。率先**垂範**を旨《むね》とする。

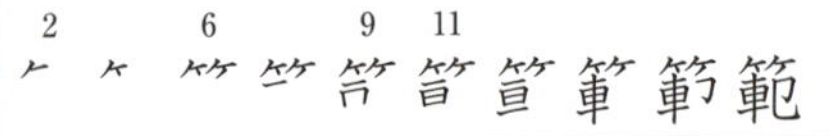

繁

糸 いと 16画

音 ハン

訓 ——

意味 しげる・ふえる・さかん・わずらわしい

語句 繁栄《はんえい》・繁雑《はんざつ》・繁殖《はんしょく》・繁忙《はんぼう》・繁茂《はんも》

用例 一族の**繁栄**を願う。**繁雑**な手続き。**繁忙**期に入る。植物が**繁茂**する。

盤

皿 さら 15画

音 バン

訓 ——

意味 おおざら・大きな岩石・土台となるもの

語句 盤石《ばんじゃく》・円盤《えんばん》・岩盤《がんばん》・基盤《きばん》・地盤《じばん》

用例 **円盤**投げで大会新記録が生まれた。生活の**基盤**を成す。**地盤**が沈下する。

彼

彳 ぎょうにんべん 8画

音 ヒ

訓 かれ かの

意味 あの人・あの・向こうの

語句 彼岸《ひがん》・彼《かれ》ら・彼女《かのじょ》・誰彼《だれかれ》

用例 お**彼岸**に墓参りをする。**彼女**に花を持たせる。**誰彼**の区別なく接する。

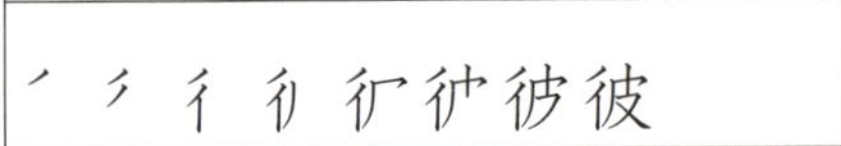

疲

疒 やまいだれ 10画

音 ヒ

訓 つか(れる)

意味 くたびれる・おとろえる

語句 疲弊《ひへい》・疲労《ひろう》・気疲《きづか》れ

用例 国の経済が**疲弊**する。**疲労**こんぱいする。会議でひどく**気疲れ**した。

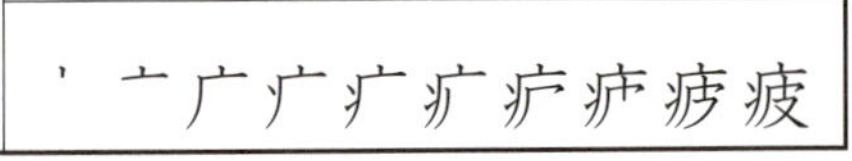

被

ネ ころもへん 10画

音 ヒ
訓 こうむ(る)

意味 こうむる・される・かぶせる・着るもの

語句 被害《ひがい》・被告《ひこく》・被災《ひさい》・被服《ひふく》・法被《はっぴ》

用例 被害状況を報告する。被告席に着く。被災者を支援する。法被を着る。

避

辶 しんにょう・しんにゅう 16画

音 ヒ
訓 さ(ける)

意味 よける・さける・にげかくれする

語句 避暑《ひしょ》・避難《ひなん》・回避《かいひ》・逃避《とうひ》・不可避《ふかひ》

用例 避暑に行く。災害地から避難する。危険を回避する。現実から逃避する。

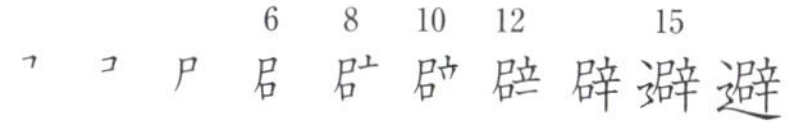

尾

尸 かばね・しかばね 7画

音 ビ
訓 お

意味 しっぽ・うしろ・おわり

語句 尾行《びこう》・語尾《ごび》・後尾《こうび》・首尾《しゅび》・尻尾《しっぽ》

用例 犯人を尾行する。語尾が聞き取れない。首尾よく合格した。

微

彳 ぎょうにんべん 13画

音 ビ
訓 ——

意味 わずか・ひそかに・おとろえる

語句 微細《びさい》・微熱《びねつ》・微妙《びみょう》・機微《きび》・軽微《けいび》

用例 微細なほこりを払う。微熱が出る。微妙な判定だ。人情の機微に通じる。

匹

匸 かくしがまえ 4画

音 ヒツ
訓 ひき

意味 対等なこと・いやしい・ひき

語句 匹偶《ひつぐう》・匹敵《ひってき》・匹馬《ひつば》・匹夫《ひっぷ》

用例 長年連れ添った匹偶だ。名人に匹敵する実力。匹夫の勇とは小勇なり。

描

扌 てへん 11画

音 ビョウ
訓 えが(く) か(く)

意味 えがく・うつす
語句 描写《びょうしゃ》・描線《びょうせん》・寸描《すんびょう》・素描《そびょう》・点描《てんびょう》
用例 田園の風景を**描写**する。生き生きとした**描線**である。人物を**寸描**する。

11
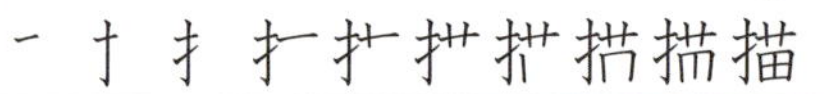

浜

氵 さんずい 10画

音 ヒン
訓 はま

意味 はま・きし
語句 海浜《かいひん》・浜千鳥《はまちどり》・浜辺《はまべ》・砂浜《すなはま》
用例 **海浜**に工業地帯ができた。**浜千鳥**が**浜辺**で鳴く。**砂浜**を散歩する。

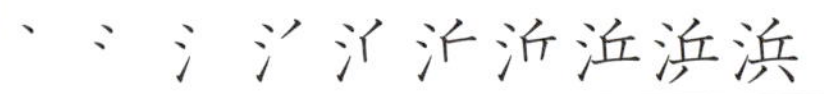

敏

攵 のぶん・ぼくづくり 10画

音 ビン
訓 ——

意味 すばやい・さとい・つとめる
語句 敏感《びんかん》・敏速《びんそく》・敏腕《びんわん》・鋭敏《えいびん》・機敏《きびん》
用例 **敏感**に反応する。**敏速**に届ける。**敏腕**を振るう。感覚が**鋭敏**な人だ。

怖

忄 りっしんべん 8画

音 フ
訓 こわ(い)

意味 おびえる・こわがる・おどす
語句 畏怖《いふ》・恐怖《きょうふ》
用例 民衆は国王を長い間**畏怖**していた。この館で**恐怖**の出来事が起こった。

浮

氵 さんずい 10画

音 フ
訓 う(く) う(かれる) う(かぶ) う(かべる)

意味 うく・うかぶ・よりどころがない
語句 浮沈《ふちん》・浮力《ふりょく》・浮世絵《うきよえ》・浮気《うわき》
用例 **浮沈**の多い人生を送った。あの船は**浮力**が大きい。**浮世絵**を見に行く。

普

日 ひ　12画

音 フ
訓 ―

意味 ゆきわたる・なみの・つね
語句 普及《ふきゅう》・普請《ふしん》・普段《ふだん》・普通《ふつう》・普遍《ふへん》
用例 全国に**普及**する。**普段**思っていることを書く。**普通**教育を受ける。

腐

肉 にく　14画

音 フ
訓 くさ(る)
　 くさ(れる)
　 くさ(らす)

意味 物がくさる・古くさい・苦心する
語句 腐食《ふしょく》・腐心《ふしん》・腐敗《ふはい》・陳腐《ちんぷ》・豆腐《とうふ》
用例 金属が**腐食**する。会社の再建に**腐心**する。政界の**腐敗**ぶりは目に余る。

敷

攵 のぶん・ぼくづくり　15画

音 フ 高
訓 し(く)

意味 しきならべる・ひろげていく
語句 敷設《ふせつ》・敷石《しきいし》・座敷《ざしき》・屋敷《やしき》・桟敷《さじき》
用例 線路を**敷設**する。奥**座敷**に通される。**屋敷**を構える。**桟敷**から見物する。

膚

肉 にく　15画

音 フ
訓 ―

意味 はだ・物の表面・あさい
語句 完膚《かんぷ》・皮膚《ひふ》
用例 **完膚**なきまでにたたきのめす。水をよく使うので手の**皮膚**が荒れる。

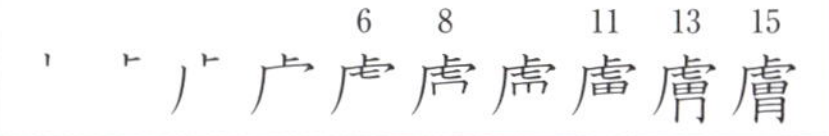

賦

貝 かいへん　15画

音 フ
訓 ―

意味 とりたてる・わけあたえる・うまれつき
語句 賦課《ふか》・賦与《ふよ》・月賦《げっぷ》・天賦《てんぷ》
用例 税金を**賦課**する。新しいピアノを**月賦**で買う。**天賦**の才能がある。

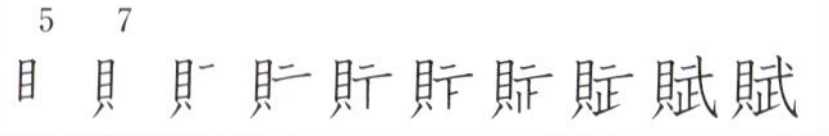

舞

舛 まいあし　15画

音 ブ
訓 ま(う)・まい

意味 まい・おどる・はげます
語句 舞楽《ぶがく》・舞台《ぶたい》・舞踏《ぶとう》・舞踊《ぶよう》・鼓舞《こぶ》
用例 **舞楽**を鑑賞する。**舞踏**会に招かれる。日本**舞踊**のけいこ。士気を**鼓舞**する。

幅

巾 はばへん・きんべん　12画

音 フク
訓 はば

意味 はば・へり・ふち・掛《か》け軸《じく》
語句 画幅《がふく》・全幅《ぜんぷく》・幅跳《はばと》び・幅広《はばひろ》・道幅《みちはば》
用例 **全幅**の信頼をおく。**幅跳び**の選手。**幅広**のネクタイ。**道幅**を広げる。

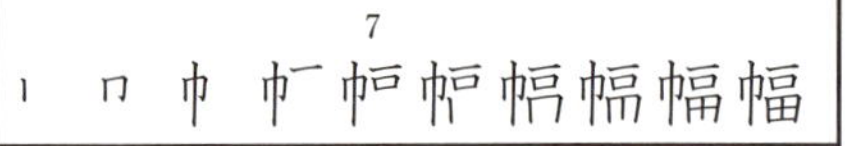

払

扌 てへん　5画

音 フツ（高）
訓 はら(う)

意味 すっかりなくなる・夜があける
語句 払暁《ふつぎょう》・払底《ふってい》・支払《しはら》い・前払《まえばら》い
用例 **払暁**に出発する。食料が**払底**する。明日**支払**う。代金を**前払い**する。

噴

口 くちへん　15画

音 フン
訓 ふ(く)

意味 ふきだす・強い勢いで内から外に出る
語句 噴煙《ふんえん》・噴火《ふんか》・噴射《ふんしゃ》・噴出《ふんしゅつ》・噴水《ふんすい》
用例 **噴煙**が立ち上る。火山が**噴火**する。石油が**噴出**する。**噴水**のある公園。

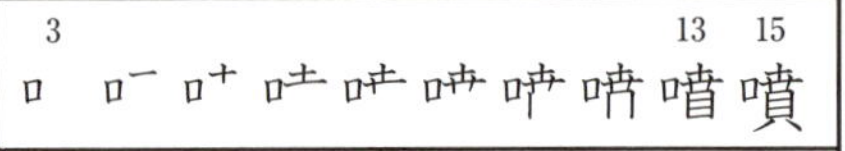

柄

木 きへん　9画

音 ヘイ（高）
訓 がら・え

意味 ささえ・いきおい・もよう・材料
語句 横柄《おうへい》・権柄《けんぺい》・家柄《いえがら》・作柄《さくがら》・人柄《ひとがら》
用例 **横柄**な態度。**権柄**ずくにものを言う。**作柄**は平年並みだ。**人柄**がよい。

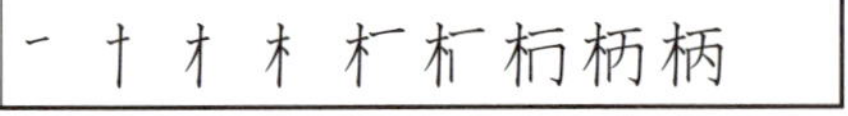

壁

土 つち　16画

音 ヘキ
訓 かべ

意味 かべ・がけ・とりで
語句 壁画《へきが》・壁面《へきめん》・岩壁《がんぺき》・防壁《ぼうへき》・壁土《かべつち》
用例 古代の**壁画**展。絵画で**壁面**を飾る。**岩壁**をよじ登る。**壁土**をぬる。

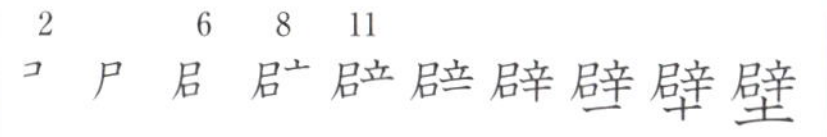

捕

扌 てへん　10画

音 ホ
訓 と(らえる)　と(らわれる)　と(る)　つか(まえる)　つか(まる)

意味 しっかりとつかまえる・めしとる
語句 捕獲《ほかく》・捕鯨《ほげい》・捕縛《ほばく》・捕虜《ほりょ》・追捕《ついほ》
用例 鯨《くじら》を**捕獲**することを**捕鯨**という。犯人を**捕縛**する。**捕虜**を釈放する。

舗

舌 した　15画

音 ホ
訓 ——

意味 しきつめる・みせ
語句 舗装《ほそう》・舗道《ほどう》・店舗《てんぽ》・本舗《ほんぽ》・※老舗《しにせ》
用例 道路の**舗装**。美しく広い**舗道**を歩く。**店舗**が続く商店街を行く。

抱

扌 てへん　8画

音 ホウ
訓 だ(く)　いだ(く)　かか(える)

意味 だきかかえる・心にもつ
語句 抱負《ほうふ》・抱腹《ほうふく》・介抱《かいほう》・辛抱《しんぼう》・一抱《ひとかか》え
用例 **抱負**について語る。**抱腹**絶倒する。病人を**介抱**する。**一抱え**もある木。

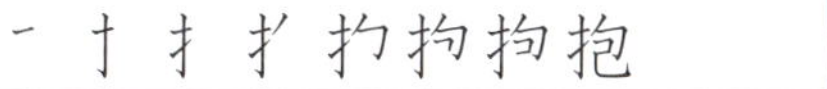

峰

山 やまへん　10画

音 ホウ
訓 みね

意味 山のみね・高い山・刀の背
語句 高峰《こうほう》・主峰《しゅほう》・秀峰《しゅうほう》・連峰《れんぽう》・峰打《みねう》ち
用例 日本一の**高峰**だ。ヒマラヤの**主峰**。**秀峰**富士の朝焼け。**連峰**を踏破する。

※「ろうほ」とも読む。

砲

石 いしへん 10画

音 ホウ
訓 —

意味 弾丸を発射する兵器

語句 砲煙《ほうえん》・砲火《ほうか》・砲丸《ほうがん》・砲撃《ほうげき》・発砲《はっぽう》

用例 **砲煙**が立ち込める。**砲火**を交える。**砲丸**投げの選手。**発砲**事件が起こる。

忙

忄 りっしんべん 6画

音 ボウ
訓 いそが(しい)

意味 いそがしい・心が落ち着かない

語句 忙殺《ぼうさつ》・忙事《ぼうじ》・忙中《ぼうちゅう》・多忙《たぼう》・繁忙《はんぼう》

用例 雑事に**忙殺**される。**多忙**な日が続いている。商売が**繁忙**をきわめる。

坊

土 つちへん 7画

音 ボウ ボッ
訓 —

意味 僧の住む家・男の子

語句 坊主《ぼうず》・宿坊《しゅくぼう》・僧坊《そうぼう》・寝坊《ねぼう》

用例 いたずら**坊主**で困る。**宿坊**に泊まる。朝**寝坊**をして学校に遅刻した。

肪

月 にくづき 8画

音 ボウ
訓 —

意味 動物の体内にあるあぶら

語句 脂肪《しぼう》

用例 **脂肪**を減らすために食事制限する。

冒

日 ひらび・いわく 9画

音 ボウ
訓 おか(す)

意味 たちむかう・けがす・害される・はじめ

語句 冒険《ぼうけん》・冒頭《ぼうとう》・感冒《かんぼう》

用例 決死の大**冒険**だ。**冒頭**のあいさつ。流行性**感冒**にかかる。

傍

亻 にんべん 12画

音 ボウ
訓 かたわ(ら)高

意味 わき・そば・(漢字の)つくり
語句 傍観《ぼうかん》・傍系《ぼうけい》・傍受《ぼうじゅ》・傍線《ぼうせん》・路傍《ろぼう》
用例 **傍観**的な態度。無線通信を**傍受**する。**傍線**を引く。**路傍**に花を見つける。

帽

巾 はばへん・きんべん 12画

音 ボウ
訓 ―

意味 ぼうし・頭にかぶるもの
語句 帽子《ぼうし》・帽章《ぼうしょう》・赤帽《あかぼう》・学帽《がくぼう》・脱帽《だつぼう》
用例 **帽子**をかぶる。**学帽**に**帽章**をつける。**赤帽**が手荷物を運ぶ。

凡

几 つくえ 3画

音 ボン ハン高
訓 ―

意味 すべて・およそ・ふつうの
語句 凡才《ぼんさい》・凡人《ぼんじん》・凡例《はんれい》・非凡《ひぼん》・平凡《へいぼん》
用例 **凡人**には理解できない考えだ。**凡例**を参照する。**非凡**な才能。

盆

皿 さら 9画

音 ボン
訓 ―

意味 盂蘭盆会《うらぼんえ》の略・浅くて底のひらたい鉢《はち》
語句 盆踊《ぼんおど》り・盆供養《ぼんくよう》・盆栽《ぼんさい》・盆地《ぼんち》・初盆《はつぼん》
用例 公園で**盆踊り**大会を行う。松の**盆栽**。**盆地**の夏は暑い。今年は父の**初盆**だ。

慢

忄 りっしんべん 14画

音 マン
訓 ―

意味 なまける・ながびく・いい気になる
語句 慢心《まんしん》・慢性《まんせい》・高慢《こうまん》・自慢《じまん》・怠慢《たいまん》
用例 **慢心**のために敗れた。**慢性**の病気。**高慢**なのが欠点だ。**怠慢**は許さない。

漫

部首：氵（さんずい） 14画

音 マン
訓 ——

意味 とりとめのない・みだり・ひろい

語句 漫然《まんぜん》・漫談《まんだん》・漫漫《まんまん》・漫遊《まんゆう》・散漫《さんまん》

用例 **漫然**と過ごした。諸国を**漫遊**する。注意が**散漫**になる。**漫漫**たる海原。

妙

部首：女（おんなへん） 7画

音 ミョウ
訓 ——

意味 すばらしい・ふしぎな・おとなしい

語句 妙案《みょうあん》・奇妙《きみょう》・神妙《しんみょう》・絶妙《ぜつみょう》・微妙《びみょう》

用例 **妙案**が浮かんだ。**奇妙**な出来事だ。**絶妙**なタイミング。**微妙**な差。

眠

部首：目（めへん） 10画

音 ミン
訓 ねむ(る)
ねむ(い)

意味 ねむる・やすむ

語句 安眠《あんみん》・永眠《えいみん》・冬眠《とうみん》・不眠《ふみん》・眠気《ねむけ》

用例 騒音で**安眠**できない。繁忙期で**不眠**不休で働く。**眠気**がさす。

矛

部首：矛（ほこ） 5画

音 ム
訓 ほこ

意味 長い柄の先に両刃《りょうば》の剣のついた武器

語句 矛盾《むじゅん》・矛先《ほこさき》

用例 **矛盾**した論理を厳しく追及される。議論の**矛先**を転ずる。

霧

部首：雨（あめかんむり） 19画

音 ム
訓 きり

意味 地上にたちこめるきり

語句 霧散《むさん》・霧中《むちゅう》・霧氷《むひょう》・濃霧《のうむ》・霧雨《きりさめ》

用例 青春の夢が**霧散**する。**濃霧**で飛行機が欠航した。奥山に**霧雨**が降る。

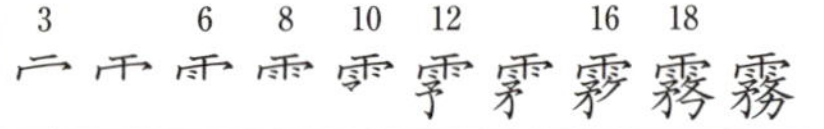

漢字	部首	画数	音	訓	意味	語句	用例
娘	女（おんなへん）	10画	—	むすめ	(自分の)女の子・未婚の若い女性	娘心《むすめごころ》・娘盛《むすめざか》り・箱入《はこい》り娘《むすめ》	娘心を傷つける。今が娘盛りである。箱入り娘として育つ。

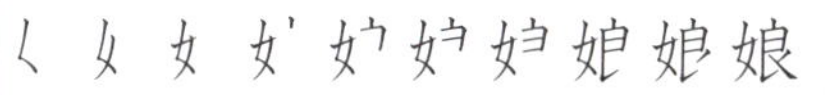

漢字	部首	画数	音	訓	意味	語句	用例
茂	艹（くさかんむり）	8画	モ	しげ(る)	草木がしげる・多い・よい	茂生《もせい》・茂林《もりん》・繁茂《はんも》	美しい杉《すぎ》の茂林を家族で散策した。密林では多様な植物が繁茂する。

漢字	部首	画数	音	訓	意味	語句	用例
猛	犭（けものへん）	11画	モウ	—	あらあらしい・はげしい	猛威《もうい》・猛犬《もうけん》・猛暑《もうしょ》・猛烈《もうれつ》・猛者《もさ》	台風が猛威を振るう。猛犬に注意。猛暑が続く。猛烈に勉強する。

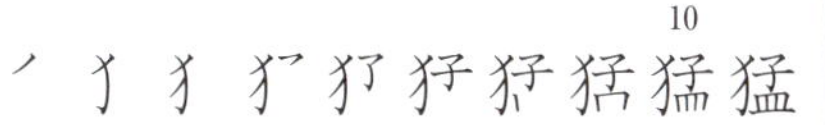

漢字	部首	画数	音	訓	意味	語句	用例
網	糸（いとへん）	14画	モウ	あみ	あみ・あみのようなもの・すべて	一網打尽《いちもうだじん》・魚網《ぎょもう》・通信網《つうしんもう》・網元《あみもと》・投網《とあみ》	悪のグループを一網打尽にする。昔は網元の家であった。投網を打つ。

漢字	部首	画数	音	訓	意味	語句	用例
黙	黒（くろ）	15画	モク	だま(る)	だまって何も言わない・しずか	黙殺《もくさつ》・黙認《もくにん》・黙秘《もくひ》・暗黙《あんもく》・沈黙《ちんもく》	不正が黙認される。黙秘権を使う。暗黙の了解《りょうかい》を得る。沈黙を破る。

紋

糸《いとへん》 10画

音 モン
訓 ——

意味 もよう・家の印としての図柄

語句 紋章《もんしょう》・紋様《もんよう》・家紋《かもん》・指紋《しもん》・波紋《はもん》

用例 都市の**紋章**をつくる。**紋様**の美しい工芸品だ。大きな**波紋**を呼ぶ。

躍

𧾷《あしへん》 21画

音 ヤク
訓 おど(る)

意味 勢いのいいこと

語句 躍進《やくしん》・躍動《やくどう》・躍起《やっき》・活躍《かつやく》・飛躍《ひやく》

用例 青春の血が**躍動**する。**躍起**になる。**活躍**を期待する。**飛躍**の年だ。

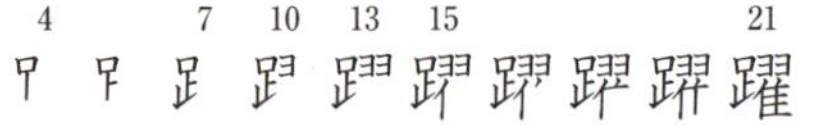

雄

隹《ふるとり》 12画

音 ユウ
訓 お
おす

意味 動植物のおす・男らしい・すぐれた人

語句 雄姿《ゆうし》・雄大《ゆうだい》・雄弁《ゆうべん》・英雄《えいゆう》・雌雄《しゆう》

用例 富士の**雄姿**を仰ぐ。**雄大**な夢を持つ。**雄弁**を振るう。**雌雄**を決する。

与

一《いち》 3画

音 ヨ
訓 あた(える)

意味 あたえる・仲間となる・関係する

語句 与党《よとう》・関与《かんよ》・給与《きゅうよ》・授与《じゅよ》・賞与《しょうよ》

用例 **与党**と野党が協議する。ノーベル賞を**授与**される。好況で**賞与**が増えた。

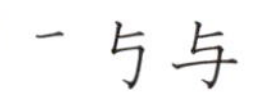

誉

言《げん》 13画

音 ヨ
訓 ほま(れ)

意味 ほめる・ほまれ・よい評判

語句 栄誉《えいよ》・称誉《しょうよ》・名誉《めいよ》

用例 母校が二年連続優勝の**栄誉**に輝く。**名誉**の回復に努力する。

漢字	部首・画数	読み	解説	筆順
溶	氵 さんずい 13画	音 ヨウ 訓 と(ける) と(かす) と(く)	意味 固体が液体になる・熱でとける 語句 溶液《ようえき》・溶解《ようかい》・溶岩《ようがん》・溶接《ようせつ》・水溶《すいよう》 用例 銅を**溶解**する。**溶岩**が噴き出す。鉄材を**溶接**する。**水溶液**を作る。	3 8 
腰	月 にくづき 13画	音 ヨウ(高) 訓 こし	意味 胴の下のほうのこし・ねばり 語句 腰痛《ようつう》・足腰《あしこし》・本腰《ほんごし》・物腰《ものごし》・弱腰《よわごし》 用例 **腰痛**に悩む。**足腰**を鍛《きた》える。**本腰**を入れて取り組む。**物腰**が柔らかい。	4 
踊	⻊ あしへん 14画	音 ヨウ 訓 おど(る) おど(り)	意味 おどる・はねまわる・とびあがる 語句 舞踊《ぶよう》・踊《おど》り子《こ》・踊《おど》り場《ば》・盆踊《ぼんおど》り 用例 世界の民族**舞踊**を見てきた。細長い階段の**踊り場**。**盆踊り**を楽しむ。	4 13 
謡	言 ごんべん 16画	音 ヨウ 訓 うたい(高) うた(う)(高)	意味 節をつけてうたう・はやりうた 語句 謡曲《ようきょく》・歌謡曲《かようきょく》・童謡《どうよう》・民謡《みんよう》・素《す》謡《うたい》 用例 祖父母は**謡曲**が好きだ。なつかしい**歌謡曲**を聞く。**童謡**を歌う。	7 
翼	羽 はね 17画	音 ヨク 訓 つばさ	意味 つばさ・左右に位置するもの・たすける 語句 翼賛《よくさん》・一翼《いちよく》・右翼《うよく》・主翼《しゅよく》・尾翼《びよく》 用例 **一翼**を担《にな》う。優勝争いの最**右翼**選手だ。**尾翼**の破損が惨事を招いた。	3 6 8 11 14 17 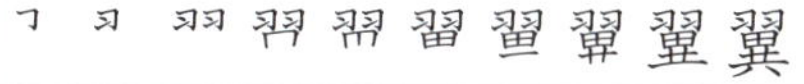

雷

雨 あめかんむり 13画

音 ライ
訓 かみなり

意味 かみなり・爆発するもの

語句 雷雨《らいう》・雷鳴《らいめい》・遠雷《えんらい》・地雷《じらい》・落雷《らくらい》

用例 激しい**雷雨**に襲われる。**雷鳴**がとどろく。**遠雷**を聞く。**落雷**にあう。

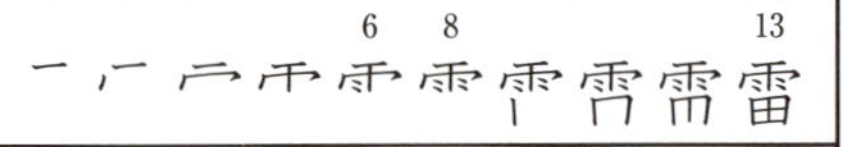

頼

頁 おおがい 16画

音 ライ
訓 たの(む)
たの(もしい)
たよ(る)

意味 たのむ・あてにする

語句 頼信紙《らいしんし》・依頼《いらい》・信頼《しんらい》・無頼《ぶらい》

用例 電報文を**頼信紙**に書く。先生に原稿を**依頼**する。国民の**信頼**を得る。

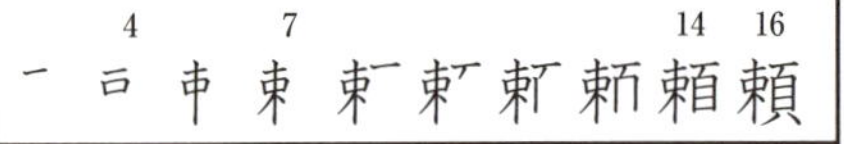

絡

糸 いとへん 12画

音 ラク
訓 から(む)(高)
から(まる)(高)
から(める)(高)

意味 つながる・つなぐ・からむ

語句 短絡《たんらく》・脈絡《みゃくらく》・連絡《れんらく》

用例 **短絡**的な発想だ。**脈絡**を欠いた話。友人との**連絡**が途絶える。

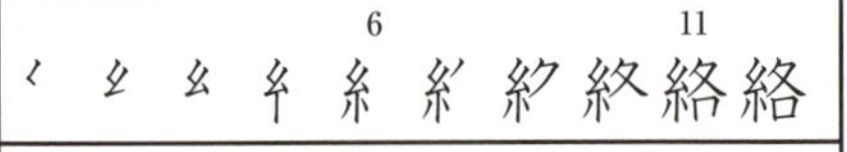

欄

木 きへん 20画

音 ラン
訓 ——

意味 くぎり・りんかく・てすり

語句 欄外《らんがい》・欄干《らんかん》・欄間《らんま》・空欄《くうらん》・投書欄《とうしょらん》

用例 **欄外**に書き込む。見事な**欄間**。**空欄**を埋める。新聞の**投書欄**を読む。

離

隹 ふるとり 18画

音 リ
訓 はな(れる)
はな(す)

意味 はなれる・わかれる

語句 離縁《りえん》・離散《りさん》・離反《りはん》・距離《きょり》・分離《ぶんり》

用例 一家が**離散**する。**距離**を置いて付き合う。水と油は**分離**する。

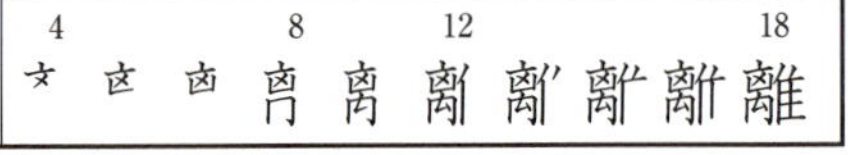

粒

米 こめへん　11画

音 リュウ
訓 つぶ

意味 米つぶ・米つぶのように小さいもの
語句 粒子《りゅうし》・粒状《りゅうじょう》・微粒子《びりゅうし》・大粒《おおつぶ》・豆粒《まめつぶ》
用例 物質は微細な**粒子**からなる。**粒状**の薬を服用する。**豆粒**ほどに小さい。

慮

心 こころ　15画

音 リョ
訓 ——

意味 よく考える・おもいめぐらす
語句 遠慮《えんりょ》・考慮《こうりょ》・思慮《しりょ》・熟慮《じゅくりょ》・配慮《はいりょ》
用例 **遠慮**深い人だ。相手の言い分も**考慮**する。公平になるよう**配慮**する。

療

疒 やまいだれ　17画

音 リョウ
訓 ——

意味 病気やけがをなおすこと
語句 療法《りょうほう》・療養《りょうよう》・医療《いりょう》・診療《しんりょう》・治療《ちりょう》
用例 良い**療法**を教えてもらう。**療養**生活を送る。歯の**治療**に通う。

隣

阝 こざとへん　16画

音 リン
訓 とな(る)
　 となり

意味 となり・つれ
語句 隣家《りんか》・隣国《りんごく》・隣人《りんじん》・隣接《りんせつ》・近隣《きんりん》
用例 **隣家**との交際を大切にする。**隣人**愛に目覚める。**隣接**する土地を買う。

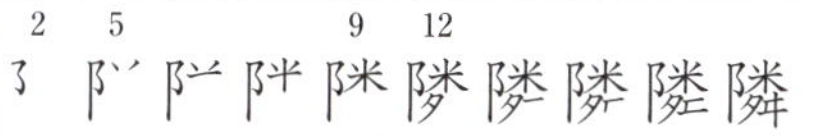

涙

氵 さんずい　10画

音 ルイ
訓 なみだ

意味 なみだ
語句 感涙《かんるい》・血涙《けつるい》・落涙《らくるい》・涙雨《なみだあめ》・涙声《なみだごえ》
用例 **感涙**にむせぶ。**血涙**をしぼる。**落涙**をおさえきれない。**涙声**で話す。

隷

隶《れいづくり》 16画

音 レイ

訓 ——

意味 したがう・漢字の書体の一つ

語句 隷書《れいしょ》・隷属《れいぞく》・隷農《れいのう》・隷僕《れいぼく》・奴隷《どれい》

用例 隷書には直線的な美しさがある。親会社に**隷属**する。**奴隷**を解放する。

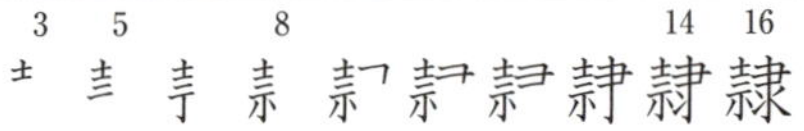

齢

歯《はへん》 17画

音 レイ

訓 ——

意味 とし・よわい

語句 高齢《こうれい》・樹齢《じゅれい》・年齢《ねんれい》・妙齢《みょうれい》・老齢《ろうれい》

用例 高齢者に席をゆずる。**樹齢**三百年の大木を仰ぐ。**年齢**差を感じる。

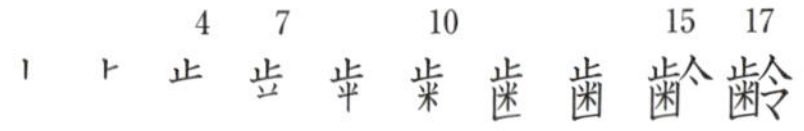

麗

鹿《しか》 19画

音 レイ

訓 うるわ(しい)高

意味 うるわしい・美しい

語句 麗人《れいじん》・麗筆《れいひつ》・秀麗《しゅうれい》・端麗《たんれい》・美麗《びれい》

用例 麗人に会う。**麗筆**の手紙が届いた。容姿**端麗**な人だ。**美麗**で知的な人。

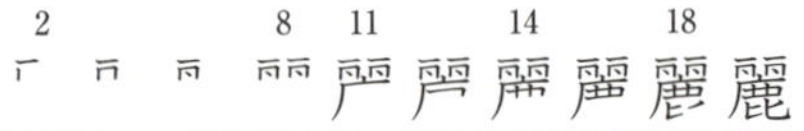

暦

日《ひ》 14画

音 レキ

訓 こよみ

意味 こよみ・まわりあわせ・年代

語句 暦学《れきがく》・還暦《かんれき》・旧暦《きゅうれき》・西暦《せいれき》・太陽暦《たいようれき》

用例 還暦を迎える。**旧暦**の正月を祝う。**太陽暦**を採用する。

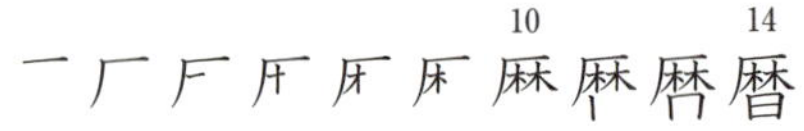

劣

力《ちから》 6画

音 レツ

訓 おと(る)

意味 おとっている・いやしい

語句 劣悪《れつあく》・劣勢《れっせい》・劣等《れっとう》・下劣《げれつ》・優劣《ゆうれつ》

用例 劣悪な環境を改善する。**劣勢**を盛り返す。**劣等**感を持っている。

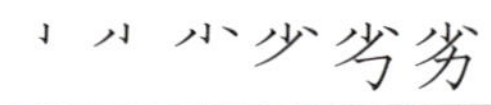

烈

灬《れんが・れっか》 10画

音 レツ
訓 ――

意味 はげしい・きびしい・あらい
語句 烈火《れっか》・鮮烈《せんれつ》・痛烈《つうれつ》・熱烈《ねつれつ》・猛烈《もうれつ》
用例 **烈火**のごとく怒る。**鮮烈**な印象だ。**痛烈**に批判する。**猛烈**に勉強する。

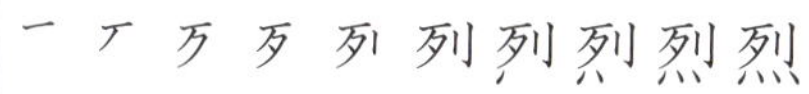

恋

心《こころ》 10画

音 レン
こ(う)
訓 こい
こい(しい)

意味 こいしたう・こい
語句 恋愛《れんあい》・失恋《しつれん》・悲恋《ひれん》・恋心《こいごころ》・初恋《はつこい》
用例 **恋愛**をテーマにした映画。淡い**恋心**が芽生える。**初恋**の人に会う。

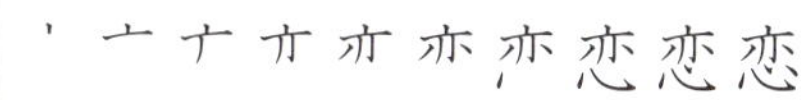

露

雨《あめかんむり》 21画

音 ロ
ロウ
訓 つゆ

意味 つゆ・家の外・野外・あらわす
語句 露骨《ろこつ》・露出《ろしゅつ》・露店《ろてん》・披露《ひろう》・夜露《よつゆ》
用例 表現が**露骨**だ。腕を**露出**する。**露店**が立ち並ぶ。**夜露**が降りた。

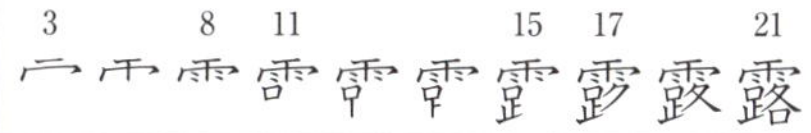

郎

阝《おおざと》 9画

音 ロウ
訓 ――

意味 男・夫・家来・男子の名につける言葉
語句 ※郎党《ろうとう》・下郎《げろう》・新郎《しんろう》・太郎《たろう》・野郎《やろう》
用例 一族**郎党**を引き連れる。**新郎**新婦が入場する。

惑

心《こころ》 12画

音 ワク
訓 まど(う)

意味 まどう・まどわす・うたがう
語句 惑星《わくせい》・疑惑《ぎわく》・困惑《こんわく》・当惑《とうわく》・迷惑《めいわく》
用例 **疑惑**を招く行動。**困惑**の表情。突然の指名で**当惑**する。**迷惑**をかける。

※「ろうどう」とも読む。

腕	月 にくづき 12画	意味 うで・うでまえ 語句 腕章《わんしょう》・腕力《わんりょく》・手腕《しゅわん》・敏腕《びんわん》・腕前《うでまえ》 用例 **腕章**をつける。**腕力**がものを言う。**手腕**を問われる。**敏腕**を発揮する。
音 ワン 訓 うで		

■編集協力－株式会社 一校舎
■制作協力－株式会社 渋谷文泉閣
株式会社 イシワタグラフィックス
株式会社 アイデスク

漢検　4級
ハンディ漢字学習　改訂版

2016年10月15日　第1版第7刷　発行
編　者　公益財団法人 日本漢字能力検定協会
発行者　久保　浩史
印刷所　大日本印刷株式会社
製本所　株式会社 渋谷文泉閣

発行所　公益財団法人 日本漢字能力検定協会
〒605-0074　京都市東山区祇園町南側 551 番地
☎ 075(757)8600
ホームページhttp://www.kanken.or.jp/

Printed in Japan

ISBN978-4-89096-246-4 C0081

乱丁・落丁本はお取り替えいたします。